U0049120

滿手爛牌打到贏，解鎖致富、覆盤人生的
七堂強運課

創運思維

Lucky

7 Laws to Wake Up
Your Luck Asleep Inside

金度潤 Kim Doyun—— 著

游芯歆——譯

如果好運可以被創造，你該為自己做點什麼？

陳志恆／諮商心理師

中學時期，曾聽過某位老師說過一段話：

「古人說，一命、二運、三風水、四積德、五讀書，人生的際遇如何，就靠這五件事！你如果不是含著金湯匙出生、買樂透也不曾中獎、祖墳又沒位在風水寶地，平常更是少做善事；那麼，就只能靠讀書翻轉命運了！」

他這麼說，當然是要勸我們勤奮向學。也確實，在我小的時候，聽說過許多出身貧寒卻靠著讀書，進而翻轉人生的勵志故事。時至今日，努力學習、充實自我，確實是帶你通往成功的管道之一。但接下來，你的人生際遇如何，或許不能只是靠讀書。

前一陣子，我接到大學母系的邀約，希望訪談目前在職場上的畢業學長姊，錄製一段影片，做為招生宣導之用，以吸引高中生前來就讀。畢業已久，能被母系邀訪，當然倍感榮幸，表示目前的成就受到肯定。那天，我與執行訪談的學

弟妹相談甚歡。然而，學弟妹卻告訴我，這次邀訪任務處處碰壁，名單上所列的畢業學長姊找過了一輪，不是石沈大海，就是婉拒邀約。

「學長，你是我們第一個邀訪成功的人！」

「好吧！那我再推薦給你們一些名單，邀訪時記得說是我推薦的。」

隨後，我聯絡了幾位適合人選，徵得他們同意，把聯絡資料轉傳給學弟妹們。我在信中特別提到：「人在江湖漂，人脈是王道！」

他們可能會覺得自己很幸運，遇上了貴人，任務總算有了進展。其實，我也正在為自己創造幸運。因為我知道，從學校到職場，一路走來，遇到太多貴人相助。如果沒有他們，就沒有現在的我。

有一次，我和太太說起我有多幸運時，她說：「他們願意幫助你，是因為你也常幫助別人呀！」我這才意識到，很多時候只是舉手之勞，卻常在關鍵時刻，收到對方的加倍奉

還。於是，我很樂意稍微雞婆一點，成為別人的貴人。

這些經歷與體會，正呼應了《創運思維》一書中，第一把創造好運的鑰匙——人。許多傑出人士常會說，自己是因為某人的關係，才有今日的一番成就。這或許是謙虛，但也是千真萬確。然而，憑什麼那個「某人」要幫助他？在關鍵時刻拉他一把呢？會不會，他也早為這段關係，付出了許多，而人人搶著成為他的貴人。

除了「人」這個要素外，《創運思維》書中還談到了觀察（關注焦點）、速度、作息、覆盤（自我審視）、正向和行動等創造好運的鑰匙，總共七把。全都是作者長期且深度訪談那些成功人士後，得到的結論，讀來讓人點頭如搗蒜。

作者在書中反覆提到一個觀念，成功確實含有運氣的成分，有時候只是壓對了邊，人生就此不同。然而，不代表我們不能為自己創造好運。如果，好運可以被創造，你該為自己做些什麼？

我想，我會先把《創運思維》這本書認真讀完，然後，付諸行動！

努力跑進順風裡

許榮哲／華語首席故事教練

我可以輕易舉一百個例子告訴大家，努力很重要，但我只想舉一個例子告訴大家，運氣更重要。有人統計過，創下世界紀錄的八項短跑項目裡，其中有七個是在「順風」時創下的，只有一個是在「無風」時創下。

至於「逆風」，一次也沒有。

再重複一次，「逆風，一次也沒有」。

所以啊，如果你的人生想寫下什麼紀錄，最好「努力跑進順風裡」。

老一輩的人不喜歡強調運氣，因為在他們的字典裡，運氣等同於什麼都不做，等同於蹉跎時光的白日夢。他們害怕年輕人將大把的時光，拿來等待，拿來做白日夢，因而忘了一步一腳印，付出就有回報的努力。但《創運思維》的作者訪問了一千名成功人士，重新定義了運氣。在他的字典裡，運氣的同義詞是觀察、作息、覆盤、是行動。（本文省略了另外三個）

靠譜嗎？

我們立刻來核對一下。

我身上有幾個成功的例子可以拿來驗證，但經驗告訴我，只發生一次的事等於沒有發生過，那是意外、巧合，不足以借鑑。一而再，再而三，反反覆覆發生，最好多到可以拿來統計、分析、歸納的那種成功經驗最棒了。

有那種東西嗎？

有，我的文學獎征戰經驗。

從小到大，我讀的都是理工，一直到了研究所，才想從理工轉文學。該如何轉文學？最直接的方法就是參加文學獎，證明自己真有兩把刷子，而不是憑空幻想。於是研究所畢業，又當了一年研究助理之後，25 歲，即將入伍當兵之前，我花了十天的時間，寫了三萬字的中篇小說「十五個人在死人箱上重生」，去參加聯合文學小說新人獎。

四個月後，得獎名單公佈，我落選了。找來評審紀錄，我的作品入圍最後的決審，雖然評審把我的作品數落了一頓，大意是「魚目混珠」，但我看到的不是「落榜」，而是「差一點得獎」。

當下，我告訴自己：

「對於喜歡的事（寫作），我要給它一百次的失敗機會。至於不喜歡的事（理工），一次機會都不要給它。」

　　就這樣，我徹底離開理工，全心全意投入文學獎的征戰。隨後三年，我無役不與，參加了不下一百次的文學獎競賽。

　　三年後，因為一篇刊在報紙副刊的得獎作品，出版社總編輯主動找上我，幫我出版了第一本書，短篇小說集《迷藏》，收錄的全是那三年間得獎的作品。

　　如果你問我，為什麼能得那麼多獎？

　　我會一句話禮貌帶過：「因為我很幸運。」

　　但如果你進一步追問，我會說：「我的幸運來自於——努力跑進順風裡。」

　　當年的我是這麼做的：

　　找來所有評審紀錄，理解評審的思維，他們是如何看待作品的好壞，這是「觀察」。每篇作品都反覆修改，尤其是被淘汰的作品，如果有評審紀錄，那是更好的修改意見，最好的作品通常是「覆盤」出來的。

　　為了寫作，我甚至異想天開，到藥局買安眠藥，想一舉扭轉自己的夜貓子作息，結果被老闆臭罵一頓，「安眠藥？

那是犯法的，不要害我，不過鎮定劑倒是有，效果差不多。」從此，我養成了早睡早起，每天五點起床寫作的「作息」。

最後是「行動」，找到所有可以參加的比賽，每寫完一篇，就投出，然後忘了它，繼續下一篇。最高紀錄，同一時間參加了五個不同的文學獎。

觀察－覆盤－作息－行動，反覆上面四個動作，我的得獎飛輪開始旋轉了起來，風一陣強過一陣，我慢慢跑進了自己創造出來的順風區。從屢戰屢敗，一路爬升到──平均兩次參賽，就得一次獎。

最初的你，降生在順風區，還是逆風區，一點都由不得你，但你必須有意識的挪動腳步，一路往自己創造出來的順風區跑過去。如此一來，你才有機會寫下屬於你自己的紀錄。

如果運氣是風，那麼最好的風，是自己創造出來的。

如果你還不知道怎麼創造風，那麼請打開《創運思維》，它會給你七個實用的好建議。

境隨心轉，屢試不爽

愛瑞克／《內在原力》作者、TMBA 共同創辦人

　　此書文筆流暢，輔以大量的實際案例佐證，讀來令人愉悅且容易信服！尤其書中許多觀點皆與我在拙作《內在原力》相互呼應，例如「沒做好準備就別想遇見貴人」、「書中自有貴人在」、「你關注的事，決定你的未來」、「每一次選擇，串連成你的運氣」、「放下自卑感和受害者心態」，與我觀點吻合，更讓我讀起來深有共鳴！

　　作者說：「我的人生是從開始閱讀以後改變的。」我也是！我目前是每年速讀加上細讀合計超過一千本書的愛書人，也受金石堂之邀，擔任 2022 年上半年度的「愛書大使」，無償推廣閱讀，因為自己過去曾是被閱讀而拯救的人，也願意幫助人們透過閱讀來翻轉人生。我常說：「閱讀是靈魂的混血」──透過閱讀，與作者的靈魂對話，讓我們思維與靈魂的頻率更接近這些人，就是改變自身內在品質、提升靈魂層次的捷徑。儘管我們無法決定自己的出身，但絕對可以選擇要閱讀哪些作者寫的作品！

作者本身就是一位三十歲之前被人們視為「人生失敗組」的人，但一旦靈魂的層次因為閱讀而提升、改變了，人生的路徑就此改變。作者強調：「你關注的事，決定你的未來」，也就是我常說的：「專注力在哪裡，力量就在哪裡」。人們的一生，是由大大小小的選擇所構成的，我們的決策品質，決定了人生的品質。然而，生命本是一個持續不斷累積的過程，也是一個不可能持續順遂的歷程，絕大多數人都忘卻或者輕忽這一點——人生不如意事，十常八九。

　　當我們專注在生活中八、九成發生的不如意事、灰暗的那一面，就會活在灰暗與怨嘆之中；若我們專注在尋找壞事背後，是否隱藏了那些好事？或者，上天要透過這些考驗讓我們學會一些什麼？於是，同樣一件壞事的發生，有人被困在原地，也有人因此躍升、爬得更高。美國知名創作歌手巴布・狄倫（Bob Dylan）的歌詞：「有些人能感受雨，而其他人只是被淋溼了而已。」（Some people feel the rain. Others just get wet.）就是最好的詮釋！

　　作者就是從人生失敗組躍升為成功者的極佳案例，但絕不是靠運氣！他將自己翻身的過程，以及大量訪談各行各業

成功人士的經驗，歸納出此書的七大要點，我認為每一點都是具體可行的，也是每一位希望活出更好人生版本的人都可以做到的——但前提是要願意好好讀一本書、相信、並且具體實踐。

　　人生不難，只要有正確的心態、有採取正確行動的勇氣，便有扭轉壞事成為好事的力量；好的心態也是吸引貴人願意相助的有利特質，於是，好運開始站在你這邊——「境隨心轉」，屢試不爽！

　　願好運與你同在！

命，是弱者的藉口；運，是強者的謙辭！

歐陽立中／暢銷作家、爆文教練

如果運氣指數1到10，你覺得自己的運氣指數是多少呢？

心理學家維斯曼曾做過一個實驗，他請受試者到某間咖啡廳買咖啡，然後在他們必經的路上，放了5英鎊，並且安排一位成功生意人在咖啡廳裡。維斯曼想要藉由這個實驗，研究哪些人比較容易注意到這些被設計的好運。

結果他發現，有些人撿到了錢，並在咖啡廳跟生意人聊起天，甚至買了杯咖啡招待生意人；但有些人沒看到錢，只是自顧自買了杯咖啡，獨自喝完。根據實驗結果，維斯曼歸納出創造幸運的三種方式：第一，保持開放；第二，外向熱情；第三，情緒穩定。也就是說，你以為的運氣，其實很科學！

當然，如果說到這，你還是覺得自己生不逢時、運氣很背。那麼我要推薦你讀《創運思維》，因為這本書是你的最後機會！翻開這本書前，先比較一下你跟作者的運氣起始值，哪個比較背？作者是韓國的金度潤，30歲才從二流大學

畢業，父親失業、母親自殺、自己罹患憂鬱症。有沒有開始覺得，你比他幸運多了？

好，那我們再來看作者至今的成果：進入外商公司、成為 25 萬冊的暢銷作家、經營理財 YouYube 頻道，突破 130 萬訂閱數！你一定開始懷疑，這是同一個人嗎？是的，關鍵在於，金度潤掌握了「創造運氣」的秘密，而做法全在你正在讀的這本《創運思維》裡頭。

維斯曼歸納創造幸運的三種方式，而金度潤進一步，發現創造幸運的七把鑰匙。分別是：人、觀察、速度、作息、覆盤、正向、行動。你不見得要每一把都有，但至少要從其中一把開始找起。我自己在讀這本書時，不斷留意作者如何將那把幸運鑰匙，插進幸運大門，轉動人生的那剎那。

以金度潤成為「暢銷作家」來看。很多人想出書，卻認為自己文筆不好、經歷不夠成功，還不夠格成為作家。但你回頭看金度潤怎麼做。他的做法是：直接訪談已經成功的人士。一來，汲取成功經驗；二來，累積文字作品。於是他的三本書就寫出來了：《人資主管百人密訪錄》、《第一名不

像你那樣死啃書》、《YouTube 年輕富豪》。這就是他運氣之鑰中的「人」:「沒做好準備就別想遇見貴人」、「不同時期需要認識不同的人」、「遠離慣於失敗的人」。

再來看金度潤如何成為「百萬 Youtuber」?他先用「觀察」這把幸運之鑰,注意到現代人多以影像吸收資訊,而非文字;再以「速度」這把鑰匙,建立自己的頻道的「成長飛輪」,用更少人力,創造更多影片;最後以「覆盤」的鑰匙,研究高手們影片怎麼做,自己影片少了什麼。當別人還在埋怨演算法不友善時,金度潤卻再度得到幸運女神的眷顧。

回到一開始的問題,你覺得自己的運氣指數是多少呢?我想,你會這麼回答我:「當然是 10!我運氣好到爆!」漂亮!要記住:「命,是弱者的藉口;運,是強者的謙辭!」朝著強者身影前進的我們,運氣最壞不過大器晚成。

推薦詞

　　不管是只相信運氣的人，還是根本不相信運氣的人，都一樣傲慢。深知運氣如何影響商業成績，我時時刻刻都對運氣保持謙卑和感激。每個人的內在都藏有驚人的好運，想學習如何發現好運、活用運氣，在書中可以找到你要的答案。

姜芳千（강방천）/ Asset Plus 資產管理公司董事長

　　我很清楚運氣與直覺在投資中的重要性，但這不是天賦，因為靠著知識與經驗累積，也能培養運氣和直覺，而本書準確地提出培養運氣的方法。同樣是強調運氣的書，這本書比同類書籍提出更多實踐步驟，希望能讓你窺探到成功的秘密！

超級散戶金正煥（김정환）/ Space K 代表理事

這十五年來近距離觀察金作家過往至今的人生，我期盼這本書出版已久。這本敘述他從零，不，從負數開始一路爬升至今的書，內容不是紙上談兵，而是傾注他的真心實意，經過一番深思熟慮才完成的作品。無論你現在身在哪個位置、做著什麼樣的工作，相信這本書都能指點你未來的方向。

專業投資者金鐘奉（김종봉）/ Royal Club 代表理事

看到我出身微寒，卻能在三十多歲就享有財富自由，人們往往會說「你運氣真好！」。我為這些人感到可惜，因為我也曾經羨慕成功人士的好運氣，天生就有好基因、好環境，但羨慕他人無法改變自己的命運。成功人士都知道運氣有「無從改變」和「可以改變」兩種，唯有清楚兩者差別，付諸努力改變自己運氣，才能走上通往財富自由的捷徑。這本書教你如何辨識其中的差別，並且增加好運。

人生駭客宋明進（송명진）/ Isanghan Marketing 代表理事

最近一年接連發生了很多事，都只能用「運氣」來解

釋，我只是日復一日努力工作，堅持自己的方向而已，突然某件事情就成功了。運氣看起來像是「偶然」找上門來，但明顯是伴隨著日常的「準備」。這本書裡，就講述了這種運氣與成功的關聯。金作家與成功人士的各種故事十分有趣也很勵志，而且文章也如親切的金作家一樣淺顯易懂。好運會降臨到每一個人身上一次以上，希望你與這本書一起做好準備，迎接好運吧！

廉昇桓（염승환）/ eBEST 投資證券理事

雖說運氣和機會只給做好準備的人，但有誰能講出該做好什麼準備才能抓住運氣？金作家將代表幸運的「Lucky」重新定義為「Luck-Key」，並告訴我們創造「Luck」的七大「Key」。他經營十年，遍訪千名以上成功人士的見識也同樣驚人。希望透過這本書，能讓認為好運只屬於他人的你，也能掌握「Luck-Key」。

富姐劉秀真（유수진）/ Ruby Stone 代表理事

只有訪問過無數人的金作家才寫得出來的「幸運」一

書，光是閱讀書中所介紹的各種成功人士的故事就足以激發人心。或許閱讀這本好書，就能改變謹小慎微的自己。如果你心有所願，不妨運用書中的知識，盡力激發隱藏在身上的運氣。

牙科醫師李秀珍（이수진）/ Seoul Royal 牙科院長

我曾以為所有事情都是「事在人為」，沒想到原來「成事在人」謀事卻在「運氣」，只不過幸運絕不會降臨在沒做好準備的人身上。身為資深採訪者的金作家在接觸了無數人之後，竟然也有同樣的想法！他克服了自己的困境，創造出了不起的好運，成為成功的採訪者，實力更勝專業主持人。書裡收納了寶貴的秘訣，決定你的人生是否能擁有好運，也會成為我的孩子非讀不可的一本書。

播報員趙修彬（조수빈）/ 前韓國廣電公司（KBS）九點新聞主播

有關幸運的好書比比皆是，無法獲得好運的問題在於實踐。即使讀再多的書，累積再多的知識，若不能運用在自己的生活中，便一點用也沒有。一個人在發揮專長後，

會更容易吸引運氣。而我對這本書有強烈的共鳴，是因為書中的想法都可以被實踐，必然能帶給我更多好運。

凱莉崔（Kelly Choi）/ KellyDeli 董事長

雖然經濟學家常在複雜的分析後，說出一番看似有道理的理論，但實際的成果多取決於運氣，但這樣的運氣是怯於挑戰者所無法觸及的。想讓幸運之神對你微笑，首先得有實際行動。當然，一開始免不了會行差踏錯，但現在有這本優秀的指南書，就可以少走很多冤枉路。

經濟學家洪椿旭（홍춘욱）/ EAR Reserch 代表理事

那些把成功歸於幸運的人

　　我三十歲才從大學畢業，在首爾開始職場生活，雖然比別人晚了很多，也不是唸多好的大學，想成長的欲望卻不遑多讓。我每天都在思考怎麼做才能成長得更快，雖然有過創業、拿碩博士學位、考取專業證照等想法，但已經輸在起跑線上的我，若是與別人用同樣的方法衝刺，永遠無法迎頭趕上，所以我需要沒有別人、專屬我個人的超車道。

　　經過一番苦思後，想到的解決方案就是「人」。想成功，不就應該請教成功人士？如果人生能重來，我們一定會比現在過得更好，因為已經有過經驗，已經知道孰好孰壞，重來一定會做出更好的選擇。雖然人生無法重來，但至少可以向有經驗的人請教，聽聽過來人的建議，還有比他們的故事更有幫助的人生導航儀嗎？

於是，我從 2011 年開始採訪成功人士。起初我抱著年輕人向前輩請益的心態，後來萌生整理採訪稿出書的想法，而現在的我想將訪談製作成優良影像作品，所以持續在採訪這條路上堅持。十年倏忽而過，我訪問過大企業總裁、國會議員、官員、超級散戶、奧運金牌選手、頂尖網紅等，總共超過一千人。

每並非每次訪談都很美好，也並非所有受訪者都很知名，但所有的採訪都對我助益良多。有人給予獨到的見解，有人以其錯誤的經驗做為反面教材，透過這些人的分享，我學到如何規劃人生、領悟生活的真諦，同時也在這段過程中找到自我。

在採訪這一千多位年齡、性別、職業殊異的成功人士時，我都會提出一個相同的問題：

「您是怎麼成功的？」

面對這個問題，所有人都不約而同的回答：
「我很幸運！」

剛開始，這顯而易見的答案確實令我倒胃口，因為成功人士無論是在書中、或在演講都會這麼說。對當時的我來說，這是客套話，講得好聽點就是謙虛而已。然而，當我採訪的人越來越多後，這句話對我的意義也逐漸改變。

為什麼只有他們那麼幸運？他們在「何時、何地」遇見了幸運？他們「做了什麼」才得以遇見幸運？他們又如何「將幸運化為己有」？我同時也想到「為什麼好運就不會降臨在我們身上」？

思考隱藏在「我很幸運」背後的意義之際，我在計程車上找到解開謎題的蛛絲馬跡。與計程車運將隨口閒聊時，我的腦中浮起早已遺忘多時的回憶：

「司機大哥這輩子過得怎樣？」

「歹運啦，過得很坎坷。」

聽到這句話的瞬間，我有五雷轟頂的感覺，因為我四十歲失業後開計程車的父親也常說：

「人生坎坷啊，一點運氣都沒有！」

為什麼成功的人總把成功「歸於」幸運，失敗的人則說失敗是「因為」運氣不好。如果成功不單純源於自己的努力，難不成只有成功的人才遇過好運嗎？俗話不是說人一生會有三次行大運嗎？還是說，好運來了，但我們卻失之交臂？假設每個人都有一次幸運到來的時刻，如何才能抓住幸運呢？

對理財稍有概念的人，必然知道「複利」的威力，如同字面的意思，複利就是利息上再加利息，所以投資時間愈長，本利和就會以幾何級數方式增加，與採取「單利」時相比，收益大幅提高。難道只有投資才有複利嗎？我認為不是，人在製造成功之鑰時也有複利，隨著時間一天天的累積製出的「幸運複利」。或許一開始運氣少得微乎其微，但隨著時間不停地累積，有天就會大到足以改變人生。

形容一個人「運氣好」的英文「Lucky」，並非單單只是好運而已，還會隨著我們的行動，成為打開無數人生關

卡的幸運之鑰。因此在這書中,我將「運氣好」的英文由「Lucky」改為「Luck-Key」,歸納出創造幸運的七大鑰匙,是人、觀察、速度、作息、覆盤、正向和行動。現在就讓我們逐一開啟打造成功、累積財富的七大鑰之秘吧!

第一章 ———— 人：好運來自於「人」

第一章

人

好運來自於「人」

如果運氣無法掌控，

那好運從何而來？

沒有人會把自己的努力當成好運。

那麼，運氣是「誰」帶來的？

答案就在問題裡：

是「人」，只有「人」才能帶來好運！

你身邊有哪些人？

　　人如何不斷成長？孔子說：「三人行必有我師焉。」這句話大家小時候都學過，意思是「三個人走在一起，其中一定有我可以學習的對象」。這句話強調身邊朋友的重要性，以下用幾個小故事來說明，或許更容易理解。

　　1988 年美國雷根總統訪問莫斯科，留下一張與當地少年握手的照片。而當時在場的還有另一位重要人物，就是後來成為俄羅斯總統的普丁。據推測，脖子上掛著相機偽裝成觀光客的男子是擔任蘇聯 KGB 特務時期的普丁。照片中的人是否真的是普丁，雖然眾說紛紜，但拍下這張照片的白宮首席攝影師皮特·蘇沙（Pete Souza），在仔細研究過這張收藏在雷根圖書館的照片後，確定是普丁沒錯。

　　1982 年在韓國釜山有兩位人權律師，共同經營一家法

律事務所。其中一位是韓國第十六任總統盧武鉉，另一位則是第十九任總統文在寅。你有沒有想過，韓國五千萬國民中出現總統的機率有多少？你的朋友中出現總統的機率又有多少？這麼微乎其微的機率能夠發生，就是因為遇見對的人。

一樣的例子也能在投資圈看到：巴菲特因為結識了查理·蒙格（Charles Munger，巴菲特長達五十年的合作夥伴，也是波克夏·海瑟威公司的副董事長）而成為股神。巴菲特投資生涯的轉捩點始於認識蒙格，在認識蒙格前，巴菲特只會以「煙蒂投資法」[1] 低買高賣賺差價；但透過蒙格的指導，他學會了買入潛力股，蛻變為「奧瑪哈的先知」（The Oracle of Omaha）。巴菲特曾說蒙格「擴大了我的視野」，如果沒有遇見蒙格，或許巴菲特不會成為眾所公認的股神。

中國也有一位因為偶遇而成為世界首富的人，就是馬雲。擔任過英語教師和觀光導遊的馬雲，曾在帶團的過程

---

1. Cigar butt Investing，撿沒人搶購或熱潮已過但仍有價值的投資。

中，認識雅虎創辦人楊致遠。那次邂逅刺激了馬雲創立電商公司阿里巴巴，如今公司總市值高達 5,400 億美元（約台幣 15 兆）。

韓國也有類似的例子。韓國兩大入口網站 Naver、Daum 的創辦人李海珍、李在雄小時候住在同一個社區；而李海珍與韓國電玩遊戲公司 Nexon 創始人金正宙，則是就讀韓國科學技術院碩士班時期的室友；李海珍甚至曾和 Kakao 理事會議長金範洙同期進入三星 SDS 任職。現在 Naver 和 Kakao 分別占了韓國股市總市值的第三位和第四位，你還認為一切都是偶然嗎？

相對地，也有遇上不好的人從此萬劫不復的例子。1940 年代出生在英國的米拉・韓德麗（Myra Hindley）是在一個充滿愛的家庭中長大的女孩，她不僅是虔誠的天主教徒，也非常喜歡小孩和動物。然而，韓德麗在職場跟伊恩・布雷迪（Ian Brady）談戀愛之後，一切都改變了。出生在貧民窟的布雷迪是一位女服務生的私生子，從小就犯下竊盜等罪刑，不是接受觀察保護，就是進出少年感化院，據說還有殺害動物等虐待和暴力傾向。兩人交往後，韓德

麗不僅聽從布雷迪所提出的殺人計畫，成為協助布雷迪殺人的共犯，自己也成了殺人犯。兩人總共殺害了五名兒童和青少年。

以上的例子雖然極端，但可以說明一點：周圍的人會帶給你很大的影響。韓國有句俗話「跟著朋友上江南」，形容一個人原本無心做一件事，但因為朋友做、就跟著一起做。我現在不吸菸，但二十歲出頭的時候曾經抽過一陣子菸，就因為當時和我形影不離的好朋友抽菸的緣故。很多人一定都有類似的經驗，回頭想想，小時候母親總是說「交朋友要看人吶！」，四十年後回想這句話，仍然非常有道理！

我們身邊可能沒有以後成為總統或世界首富的人，但還是應該要有能帶來正能量的朋友。身邊的朋友會給我帶來的運氣是好是壞，連我自己都不知道，說不定這就是大部分的人無法成功的原因，只有當朋友都是比我好的人，我才有可能成長，可惜在我成長的過程中，周圍只有和我一樣的朋友。

看看身邊的人

✎ 寫出現在和你最親密的七個人,以及這些人給你什麼刺激、讓你學習到什麼?如果想不出什麼特別的內容,就寫「友誼」。

※ 雖然不一定每段關係都能刺激自己成長,但所有人際關係都只是純友誼的話,也是個問題。

排序	姓名	建立人際關係的理由或可學習點
1		
2		
3		
4		
5		
6		
7		

沒有雪巴人就不可能征服聖母峰

　　每當我們嘗試一件新的事情時，往往會因為不知該從何開始而卡關。新手上路難免會出錯，但我現在碰上的困難，曾經走過這條路的人也一定經歷過，不管他們找到的答案是否正確，都可以讓我做為參考。他們的建議或許是我現在根本無法想像的，正因如此，我們才需要和某個領域裡的成功人士請益。

　　拿多益考試為例吧，在學校裡經常可以看到多益考400、500分的學生們聚在一起成立讀書會。因為處境相似，可以藉此相互鼓勵、彼此支持、讀起書來也不那麼孤單，所以讀書會本身不能說不好。但若冷靜地從經驗學習的角度來看的話，絕非好方法。

　　多益每題都有正確答案，只需要在五個客觀選項中選

出一個正確答案，沒有申論題，不會遇到需要討論、集合多人的想法才能找出正確答案的狀況。一群在多益只拿到 400、500 分的學生聚在一起學習，有什麼意義？這些人答錯的題目比會的題目還多，大家湊在一起說不定會討論出更離譜的答案，所以，靠這種方式無法有效提高多益分數。

如果我多益只考了 400 分，我就應該和多益考了 800 分、900 分的學生一起學習，至少能多學到一些答題技巧，也知道如何提高自己的成績。但如果不是很熟的朋友，考 900 分的人不可能會和 400 分的人一起學習，一群多益 400 分的人互相學習，學得再久也只是原地打轉而已，這時找專業的老師就是比較有效率的選擇。

這種情況並不局限在英文考試，面對人生中遇到的無數問題，許多人的解決方式也沒比多益 400 分組讀書會的狀況好多少。譬如和朋友小酌時聊到房地產，有個朋友問：「首爾房價一直漲，該不該現在買房？會不會有危險？」這時，一個朋友說現在就是最好的買房時機，另一個朋友卻說絕對不要現在買。我聽著這樣的對話，就像三個多益

考 400 分的人組讀書會一樣，在座的人都對房地產一知半解，才會有人說買，有人說不要買，還說得頭頭是道。

還有一次，我和幾個朋友一起吃飯，飯桌上就提到開設網路商店的話題。有個朋友說他想在 Naver 智慧商城開網路商店，但不知道該銷售什麼商品才好。一個朋友說賣衣服，另一個朋友說賣健身器材，大家你來我往討論得很熱烈，這狀況也和多益讀書會沒什麼不同。在座的朋友們沒人有開網路商店的經驗，也沒有一個研究過如何開網路商店。

現在，我究竟想說什麼，想必你心裡有譜了吧！這幾個例子反映出我們常犯的錯誤，我們總是在沒有專家或過來人在場的時候提問，就想找出答案來。如果是跟知心好友聊天，想藉此得到安慰或鼓勵，這種交流沒什麼問題。但如果是為了解決困難而提出問題尋求解答，對方的知識和經驗是最重要的。因此我給煩惱是否買房的朋友介紹房地產專家、給想開網路商店的朋友推薦了網路書店的書籍以及線上講座，這才是尋找答案的正確方法。

以我寫這本書的時間點為準，我當 YouTuber 已經二年半，原本專職寫作和講師工作的我，花兩年的時間訂閱人數達到 87 萬人（本書出版時作者的 YouTube 訂閱人數已成長到 130 萬），這也是有訣竅的。我每天努力上傳影片，也儘量做到與其他頻道有所區隔，但還有更根本的原因。

我在開設 YouTube 頻道前，就已經請教過 23 位頂級網紅。2019 年時，他們的訂閱人數總計超過 1,100 萬人，累積點閱次數相加也超過 30 億次。我向他們請教了有關企劃、拍攝、編輯等心得，很感激的是，我從中得到具體且鉅細靡遺的精彩回答。我該做的事情，就是將聽來的知識和秘訣化為己有，歸功於此，我才可以在一開始就設立正確的方向，頻道成長速度自然也比一般人快得多。

想成為 YouTuber，就請教該領域的佼佼者。如果有機會能直接見面當然是最好，但就算不那麼做，我們手中還掌握著可以得知他們大部分秘訣的方法：那就是頂尖 YouTuber 的最終創作成果。他們製作的影片中包含了他們的企劃、拍攝、編輯方向等資訊，只要仔細觀賞他們所拍攝上傳的影片，就能經過分析發現大部分的秘訣。

如果在拍攝方面有任何問題，只要透過影片確認他們使用哪款相機、以哪種角度拍攝，拍片前就不會像無頭蒼蠅般不知從何開始。我的攝影裝備需要升級的時候，也不會自己摸不著頭緒地煩惱，我會看看比我做得更好的頻道裡的影片，打開他們的 Instagram，看看畫面外被拍到的攝影棚，確定他們用哪款相機、哪種麥克風。現在雖然還是有資訊不對等的現象，但在科技的幫助下，只要多努力一點，想得到什麼情報都不難。只要打開智慧型手機，可接觸到的文章和影片應有盡有，我們應該好好活用這些工具，以先驅者為標竿，向他們學習。

要征服世界第一高峰聖母峰，不是光靠夢想和埋頭苦幹就能實現，還要請已經適應了寒冷氣候和高海拔生活的雪巴人協助。雪巴人是大約五百年前從西藏遷徙到尼泊爾山區的部族，他們長期居住在喜馬拉雅高山地帶，因此對高海拔地區的適應力非常強。1953 年艾德蒙・希拉里（Edmund Hillary）作為第一個登上聖母峰峰頂的人，他的身邊就有雪巴人嚮導丹增・諾蓋（Tenzin Norgay）。雪巴人到現在依然是登山客攀登喜馬拉雅時的最佳嚮導以及不可或缺的存在，因此雪巴人也成了「征服高峰協助者」的代名詞。

正如喜馬拉雅遠征隊需要雪巴人一樣，我們的人生也需要有雪巴人的存在，說不定我們的人生之路比聖母峰更寒冷、更險峻。千萬別忘了，即使是身經百戰的頂級登山家，也需要雪巴人的協助。因此，你也該想想自己的人生中，是否存在雪巴人能帶領你登頂，如果沒有，就去找。

看到成功人士，不要只是羨慕，而是要學習他們通往成功的過程、和他們為此所流下的汗水。同時也絕對不要忘記，如何將之化為己有，才是最重要的關鍵。

沒做好準備就別想遇見貴人

　　上一章提過：想要登頂就得有雪巴人。問題是，找到雪巴人之前，自己也必須攀登到一定的高度。因為越成功的人，時間越寶貴，我認識的一位企業家曾說：

　　「人們都以為成功人士很好見，剛認識就隨隨便便纏著人家說『請教教我吧，讓我拜您為師』。以為只要提起勇氣就能見到想見的人？想請教別人，這樣是行不通的，應該是自己先做了某種程度的努力、達到足以和他們見面的高度，這樣的會面才有意義。總要創造一個契機，見面時才能互相親近吧？

　　就拿金作家你來做例子，隨便一個人傳郵件希望和你見面，你就一定會見他嗎？隨便一個人要求上你的 YouTube 頻道，你就一定讓他上嗎？不見得吧。所以說，想和成功人士

見面，自己也要有最起碼的水準。就算有人居中搭橋牽線，也要做好一定程度的準備。就像有不少人想透過金作家和股市超級散戶見面，但如果是對股票一竅不通的生手，就算為他安排機會，見了面無法交流，這橋也搭不起來。

　　我們現在都不是學生了，不可能像學生時代只因為一句『他是我朋友』就毫無所求地一起見面玩樂。因為在社會上，凡是對自己沒什麼好處的，就不一定非見不可。所以，如果自己一點準備都沒有，就想和該領域的成功人士見面，不管是大企業董事長，還是當紅政治人物，就算中間有熟人可以拜託，如果自己對他們毫無幫助的話，大概也很難見到對方。」

　　正如他所說，成功人士不是想見就能見得到的，自己得先有三兩三才能上梁山。想找到雪巴人，就得自己先攀上喜馬拉雅高山地帶。當然不用達到和對方同等的程度，但至少得累積一定水準的實力足以和對方交流，才有見面的機會與價值。更重要的是，自己也要有些什麼東西可以給成功人士，即使價值不是完全對等，至少自己也該擁有某些足以填補對方所欠缺的東西，兩人才有可能見

面，雙方的關係才能長久維繫。沒有實力，對對方毫無幫助，就算偶然有機會和成功人士見面，頂多只能拍照上傳Instagram，就沒有後續了。

當然，在累積實力的過程中也要多認識形形色色的人，因為與人見面也是需要練習的。伊恩投資顧問公司資訊長朴誠鎮[2]這麼對我說：

「剛開始投資的那三、四年都是自己單打獨鬥，我的個性比較內向，所以很害怕見人。但是有一天，我突然覺得『這樣不行，得改掉這種性格，不然我永遠過不上好日子』，於是就開始刻意找機會和別人見面。但如果要和人見面，就得有名氣，我也不知道要怎樣才能出名，所以我就想『如果我有實力的話，人家聽說了就會來找我』，很自大的想法吧！

---

2. 韓國科學技術院經營工學博士，以價值投資聞名，經常受邀在 YouTube 財經頻道上講解有關價值投資的知識和情報。

想法改變了以後，我也改變了自己的行事風格，為了出名開始寫作、翻譯、參加外面的聚會，積極製造與他人認識的機會。這樣的努力逐漸累積下來，原本只敢一對一見面，後來就變成一對二、一對四，最後才成就了現在的我。」

　　所以說，幸運不是什麼都不做就會找上門來，而是要我們親自去找。而且，幸運往往來自於「人」。雖然認識的人裡面，十個大概只有一兩個人對我們的工作有幫助，更糟的是還有可能遇到騙子。即使如此，還是要多多認識他人，才能在十人中找到一個、百人中找到十個真正有價值的人。而且見的人越多，看人的眼光也越準；認識的人不斷提升，離成功之路也越來越近。最後，所有的成功都來自於我們所結識的人。

　　有「韓國巴菲特」之稱、管理三兆韓元資產的 VIP（Value Investment Pioneer）公司投顧代表崔準哲，也是因為認識了貴人才有了好的開始。

　　「我以前完全想像不到會在 2000 年代初期成立投資

顧問公司，因為要拿到一張執照至少需要數十億韓元。那時候就有兩位集團董事長對我說：『沒有什麼做不到的，先做了再說』，在精神上和物質上給了我許多的幫助。要是沒有這兩位的存在，我要成立投資顧問公司就沒那麼容易了。他們可能認為我們公司有前景和潛力，但最重要的還是因為他們看我執著於股票，相信我會『做出點什麼』來。」

人生中我們付出了許多努力，這些努力會全部落實成一個一個的點，而將這些點串連成線的，就是人。當散落的點得以連成一條線時，成功的大門也隨之開啟。所以能遇見貴人才叫真正的幸運，那麼，各位是否做好了引發蝴蝶效應的起始點呢？身邊是否有為我們連點成線的貴人呢？

找出能幫助我成長的雪巴人

✎ 為了成長,現在的我應該認識誰?

✎ 為什麼我想見這個人?見了面能學到什麼?

排序	姓名	從他身上可以學到什麼
1		
2		
3		
4		
5		
6		
7		

遠離慣於失敗的人

我們身邊有招來幸運和招來不幸的人，什麼樣的人會招來不幸呢？有段關於「應該捨棄的人際關係」的訪談非常觸動我，以下與各位分享。

Q. 哪種人該敬而遠之？

我認為是習慣失敗的人。遭遇失敗而沒能正常成長、長期停滯不前的人，他們不僅成了積水，還是一灘連內心都腐敗的腐水。我原本認為對待失敗的人不該抱有偏見才對。事實上，我出身美國名門大學，在矽谷工作過，只要透過人脈網絡，就可以和社會上所謂的精英們一起工作。但我當時的想法是，就算和「Underdog」（通常指體育競賽中輸多贏少的弱勢隊伍或選手）一起工作也無所謂，反正工作內容有趣

就好。然而過去的經歷告訴我，那只是一種錯覺。

創業至今最大的感受就是，一個人會深陷在失敗和停滯深淵中，都是有原因的，因為他們無法自拔，創業都十年了若還沒有成長，持續與這樣的人共事很難有好結果，阿里巴巴集團創始人馬雲說過：「有『貧窮思維』的人最難伺候」，所謂「貧窮」，不是手上有多少錢，創造潛能的可能性不完全是錢的多寡，而是思維的大小。我覺得思想封閉、拒絕傾聽外界聲音的人，等於從一開始就隔絕了幸運的到來。

Q. 這些人有什麼特徵嗎？

長時間一再失敗的人，通常都無法認同他人的成功，因為自尊心太強，所以常把自己沒能成功的責任怪罪到社會環境，也就是為自己失敗找各式各樣的理由跟藉口。既然自己失敗，那別人也應該失敗才對，可是實際上就是有人成功了，所以他們會感到厭惡，抱著嫉妒心往外看，看什麼都是扭曲的。當我領悟了這點之後，就漸漸有了看人的標準。習慣於勝利的人，或是沒有成功也沒多少失敗經驗、卻保有熱情的

人都還好，但如果有人已經習慣了失敗，尤其總把失敗怪罪給他人、怪罪世界不公平，我連話也不想和他們說。

Q. 哪些人是經歷失敗卻仍值得交往的人？

能客觀看待自己的失敗，從中記取教訓的，是大有可為的人，不是因為他們沒有自尊心才承認自己的失敗，而是真的想成功才承認失敗，唯有從失敗中學習，下次挑戰時才不會重蹈覆轍。對這些人來說，最重要的是實質的成長，而不是他人對自己的看法，所以他們願意面對自己的錯誤、從中學習、最後創造出更好的成果。

Q. 錄用員工時，您認為什麼特別重要？

我在錄用員工時，最看重一個人能不能理性、誠實的面對事實。一個可以用理性、誠實觀點看待事物的人，通常渴望成長；反之，只會為自己的無知與缺點找藉口的人，不會有追求成長的渴望。承認自己無知，才能化無知為已知，這

是最重要的。不因為對方懂而自己不懂，就擔心自己看起來很笨或很無知，重要的是去學會自己不懂的東西，這樣的人會成長得很快。

　　正如馬雲所説，擁有貧窮思維的人只能活在自己的世界裡。那，你要當什麼樣的人呢？

找出你該遠離的人

🔍 你的周圍是否存在這樣的人？
當你追求進步時，不僅沒有鼓勵你、還會冷嘲熱諷或看衰你。
（雖然不支持你，但能理性冷靜的分析原因的朋友不在此列。）

✒ 寫下他的姓名及應該遠離他的原因。
※ 雖然大部分的人際關係始於偶然的邂逅，但自己有權選擇遠離這
種人際關係。

排序	姓名	必須遠離這個人的原因
1		
2		
3		
4		
5		
6		
7		

為我打開另一扇窗的人

以2021年為準，我的年薪包括工作所得（YouTube收益、書籍版稅、演講費）和投資所得（證券投資）合計，已進入韓國前百分之一的高收入者，能夠賺到這些錢有很多秘訣，但如果只能挑一個最重要的秘訣分享，就是我親眼看見了新世界。

我剛開始經營 YouTube 頻道時與其他頻道主不同的地方，是我為了執筆《YouTube 年輕富豪》這本書，深度訪問過 YouTube「兒童台、理財、娛樂、ASMR」等領域最知名的單人頻道主共 23 人。我的採訪經驗和經常看到在大眾媒體上看到的內容有很大的不同，光是詢問收益這一項，得到的回答就不是籠統地說能賺很多錢，而是可以聽到他們明確的說出數字，有的頻道主甚至直接拿出從 Google 分到的 YouTube 收益到帳明細。其中一位在 2015 年 7 月賺了 14 萬

韓元、2016 年 7 月 214 萬韓元、2017 年 7 月 498 萬韓元，而過了整整四年，到了 2019 年 7 月賺了 5,300 萬韓元，而且當月還只算到 21 日，還不到月底，所以這位頻道主一個月收益大概有 7,000 萬韓元 (約台幣 165 萬元)。世上有哪種職業可以讓一個人四年後的月收入成長 379 倍？甚至這一切所需要準備的資本，只有一支智慧型手機內建的相機和一副麥克風而已。那天，我對這世界的認知有一部分被打破了。

透過各種媒體資訊，我知道韓國月收 3,000 萬韓元以上的成功人士很多，但之前我從來沒有直接親眼見證到他們的錢是怎麼賺來的。以往我認為能夠有這樣的收入，應該是極少數像醫生、律師這類專門職業的高收入族群。在此之前，我從來沒想過一個沒有名校學歷、沒有知名職場工作經歷、也不是大企業經營者的人，竟然能賺那麼多的錢。我總以為成功人士和我不同，是非常特別的人，但事實並非如此。

在公司當上班族的人身邊也必然會有很多上班族，在公家機關工作的人身邊則會有很多公務員。這種安定的生活固然好，但如果一直在自己的世界裡生活，就不會有機會知道外面的世界如何運轉，畢竟日常生活的空間只是世界的一小

部分而已。我以前也一樣,過去的我一直活在作家與講師的世界裡,在這小小的世界裡過日子也沒什麼不方便的地方。然而那天,當我偶然看到一位頻道主的 YouTube 收益之後,一扇通往新世界的大門就此開啟。

2018 年 10 月 29 日,我在 YouTube 上傳了第一支影片,對訂閱人數為 0 的我來說,訂閱者 10 萬、30 萬這樣的數字,實在是太過遙遠。坦白說,當時我自己也不相信能藉由 YouTube 賺到錢。就這樣時間倏忽而過,3 個月之後,也就是 2019 年 1 月我從 YouTube 賺到了第一筆收益 40,000 韓元(約台幣 1,000 元),不管金額的多寡,我確定自己真的可以藉由上傳影片賺到錢,這就是我的開始。而這項收益在 2 月份成了 40 萬韓元,三月份為 140 萬韓元,到八月份就創下 465 萬韓元(約台幣 11 萬元)的紀錄。

兩年半過去,我所經營的《金作家 TV》頻道在不知不覺中訂閱人數已經突破百萬人。如今,世界發生了變化,出現了累積財富的新方法,我們也不得不接受這是一個新興富豪用前所未有的方式創造收益的時代。我在 2018 年 10 月 29 日開始經營 YouTube 之前和之後的所得差異非常大。其秘訣

說來話長，但若非要從中擇一，就是我已經親眼見證另一個世界的奇蹟，所以非投入不可。

許多人都說自己知道現在流行 YouTube，但「知道」YouTube 是一種流行，只是把 YouTube 當成別人的事、置身事外看熱鬧而已。如果真的知道 YouTube 是一種流行，就應該搭上這股潮流才對。讓自己身在這股潮流中，才能真正了解 YouTube 的世界。

不同時期需要認識不同的人

人在成長過程中，經驗非常重要，而這經驗又分為直接經驗和間接經驗。直接經驗就是自己親身做過的事情，像是在學校裡學習取得學位之類的。但時間是有限的，我們不可能親身經歷所有的事情，因此我強力推薦大家和過來人見面，作為自己的間接經驗。

三十歲出頭的我畢業於地方大學，對自己的學歷感到自卑。為了打破這份自卑感，我很想和韓國或世界知名大學畢業的人見面。於是，我和畢業於韓國的首爾大學、延世大學、高麗大學，國外的哈佛大學、史丹佛大學、麻省理工學院的高材生都見過面，不分學士、碩士，還是博士。

與此同時，我還想寫一本能激勵人心、改變讀者生活的書。於是，為了瞭解暢銷書作家們如何寫作，我去見了在自

我成長、商業財經、小說等各個寫作領域成名多年的作家們。

雖然沒有好學歷，我仍渴望成功，為了學習如何更上層樓的成功祕訣，我去見了大企業和跨國企業的執行長、空軍參謀總長、國會議員、市長、院級首長等人。對當時仍非常年輕的我來說，因為要見所謂的高層人士，搭乘企業總裁專用電梯的經驗都讓我嘖嘖稱奇。

後來，我想把以上這些訪談包裝製作成有價值的內容，從那時開始，我會選定一個主題來進行採訪。為了寫就業的書，我採訪了大企業、中堅企業、跨國企業等總共 100 家企業的人力資源主管，出版名為《人資主管百人密訪錄》一書。為了想知道全心全意投入某一件事的心態，我深度採訪了從 1988 年首爾奧運到 2016 年里約奧運的金牌得主 33 人，出版名為《最後的投入》一書。

為了寫如何有效學習的書，我採訪了從 1993 年到 2018 年歷屆大考滿分者中的 30 人，出版名為《第一名不像你那樣死啃書》一書。因為對 YouTube 現象感到好奇，也想試著投身其中，我採訪了韓國頂級頻道主 23 人，出版名為

《YouTube 年輕富豪》一書。

　　就這樣，十年期間我見了超過千名成功人士，並將訪談內容整理出書，這段期間的積累，讓我漸漸成為訪談這個領域裡的專業人士之一。

　　對於自己現在應該去認識誰，你找到線索了嗎？自己現在煩惱什麼，就去找該領域中表現傑出的人見面。如果你是想成為銀行行員的應屆畢業生，可以去找剛畢業的新進行員、找銀行分行的行長、找金融專家，有很多方法可以和相關負責人見面，可以去學校就業支援中心，也可以去銀行分行或金融機構，這些都不是多難的方法。如果你是上班族，最簡單的就從業界的前輩開始，或在自己的職務範圍內被稱為專家的人見面。

　　在選擇想認識什麼樣的人之前，必須要確實區分對方的行業和職級，才會對自己產生最大的幫助。就像想開韓國料理店的人跑到日本料理店實習、要開花店的人跑到服裝賣場工作，學到的東西不見得能派上用場。自己想做什麼，就應該去找和該領域有密切關係的人見面。

職級最好按三階段分配人數比例。如果我是一名基層員工，最好將比例分為基層員工及小組長層級佼佼者占 50%，課長、襄理級佼佼者占 30%，領導幹部層級佼佼者占 20%。試想如果本身是基層員工或小組長層級的人，就算盯著領導幹部層級的人看一整天也學不到什麼，首先該見面的，應該是在自己現有職位上曾經表現優異的人，與他們見面，除了能知道如何做好自己現有的工作之外，也能提早準備好未來所需要的能力。

　　現在，既然知道了方法，那就想想該如何列出自己應該拜訪的名單吧！

書中自有貴人在

　　想和成功人士直接見面不是容易的事情，對方有可能是以自己目前身分見不到的人，也可能是受到物理上、時間上限制的人。碰到這種情況時得先做功課，最快的方法是閱讀成功人士過往經驗的書籍。我因為要訪問千名以上的成功人士，為了做功課也閱讀了三千本以上的書。作為一位出過好幾本書的寫作者，我認為閱讀一本書，比和這個人見一次面更有價值，一本書幾乎涵蓋了此人的一生。我認識的一位成功企業家，曾經回答過「為什麼要讀書」：

　　「我的人生是從開始閱讀以後改變的，在我養成讀書習慣前，人生完全一塌糊塗，那時我是個無法適應社會生活、只會整天窩在家裡打遊戲的宅宅。

　　開始打工以後，我想和女同事順利的溝通聊天，卻因

為宅太久不知從何開始,煩惱了好一陣子,我決定找本書來看。一開始只不過是想完成一件事,又覺得書裡可能會有答案,才姑且一試,沒想到書本就像遊戲攻略一樣,寫著解決問題的方法。

雖然書中的理論和實戰還是有差別,但可以確定的是,成功的機率絕對比我自己想破頭來得高。而這種機率的提高,就像在人生這場遊戲中走向破關之路。一個人獨自思考是有限度的,不僅很難超越別人,也很難有比別人更好的想法,讀了書,再把有助於個人的部分一步步應用在現實中,就能逐步提高成功機率,一個人獨自思考時只有 10% 的機率,讀了書就能把機率提高到 50%,不斷重複數十、數百次的話,熟能生巧,成功的機率就會越來越高。

讀了書也沒用的情況只有一種,就是太固執己見了。遇到失敗時不願意承認自己的想法需要修正的人,潛意識裡覺得只要不改變想法,就不會傷害自尊心。所以如果讀書只是為了一再鞏固自己原有的想法,看了書卻沒有將內容吸收,或是讀了書卻不改變自己的行為,這些讀書方式都沒有辦法幫助自己成長,長久下來只會傷害自己,這樣

的讀書還不如不讀書。

讀一本新書，要能領悟到自己想法上的錯誤，才能有所發展，才能改變行為。但若無法承認自己的錯誤，讀了書也沒有任何意義。這就像是想成為一百公尺短跑選手，本來應該一再進行加速訓練才對，卻每天只練習走路三個小時一樣。

有很多事情，都是在我們生下來的那一刻就決定好的，像是基因或成長的環境，但是閱讀可以改變這一切，我能創業成功年薪十億韓元，靠的就是閱讀，因為透過讀書得到的知識可以和聰明的人見面，透過對話改變自己。在我們的生命中，幸運降臨的機會很多，問題在於能不能抓住機會，沒抓到機會代表判斷力較差、不擅於做決策。而書，能幫助一個人提升判斷力、做出更好的決策。這聽起來像是陳腔濫調，但真理就是這麼單純。人們總想找出一個立即有效又獨特的秘訣，但世上不存在這樣的東西。」

事實上，即便是民主國家、資本主義社會，現在仍存在代代相傳的階級。中產階級出身的人，長大以後也是中產

階級；財閥出身的人，長大以後還是財閥。雖然很無奈，但現實確是如此殘酷，然而，人並不是完全沒有改變的機會，書就是改變運氣最便宜方便的工具。我們在現實中見不到的人，可以在書中相會，而且還能比實際見面更深刻的了解一個人。所以我建議大家多讀書。讀了書，受到刺激，才會努力成就更好的自己，遇見幸運的機率也更高。

第二章

觀察

解讀潮流，化為運氣

網路的普及，加快世界變化的速度。

只靠自己親身體驗，是跟不上變化的。

隨著速度的加快，我們也必須懂得正確解讀變化的趨勢。

現在，所有事情都能靠一支手機完成，

在這個只要點幾下，就能在手中看到全世界的時代，

你正在看的內容，是什麼？

你關注的事，決定你的未來

　　我年輕的時候對外表很自卑，不僅個子矮又瘦巴巴，還因為眼睛下方永遠掛著兩個黑眼圈，經常被周圍的人關心「是不是昨晚沒睡好？」、「最近很累嗎？」，當時就常想有天一定要去找整形外科問問去除黑眼圈的方法。有次我去大邱和朋友見面，正好路過最繁華的東城路，便抬頭留意這附近的整形外科，結果大吃一驚，因為街道上的整形外科實在太多了！這讓我意識到人眼的不可靠，即便是平日經常路過的街道，自以為非常熟悉，卻始終沒注意到細節，直到當天才發現我想找的整形外科近在眼前。

　　之前我總以為所見即所得，眼睛能毫無遺漏的看到全貌，但在資訊量爆炸、所有人都在搶奪注意力的世界中，即便眼睛看到了，我們的大腦也不可能處理所有細節。眼睛看到的影像，會透過腦中「目標」和「關注焦點」的濾鏡，只

對於過濾後的世界投以關注。再舉幾個例子：在我們生活周遭如果有毒販、小偷，一般人不會特別注意，但如果你的職業是警察，三兩下就會發現這些可疑人士。藝術家對創作的靈感，多半也來自日常生活，但普通人卻不會想到生活瑣事可以化為藝術。

之前提過我在大學時期很幸運的拿過 17 次徵集或比賽活動獎項，參加這些活動除了全力以赴、認真準備之外，還有一個小秘訣：只參加自己有把握得獎的活動。就像賽跑選手不會去參加游泳比賽一樣，我會在無數個公開的徵集活動中，尋找適合自己參加的活動。我在網路上翻遍所有和公開徵集活動有關的網頁與社群，也訂閱大學生們常看的報章雜誌，如此一來，我就比別人知道更多徵集活動的消息，才能找到恰好適合我的比賽參加。由於設定了「目標」和「關注焦點」，透過這兩個濾鏡，找到適合自己挑戰的徵集活動，最後才能幸運的使自己拿到多次獎項。

你有注意過自己現在的「關注焦點」在哪裏嗎？點開你的網頁紀錄，看看自己都在看哪些網頁？手機上常用的應用程式是什麼？下班後常常做的活動是什麼？如果一個人常常

搜尋與書籍相關的內容、參加讀書會、每天寫文章，那麼即便只是個上班族，也有可能出書成為作家。

　　法國小說家安德烈‧馬爾羅（André Malraux）曾經說過：「長期懷有夢想的人，最後會變得像夢想中的人」（Man who has had a dream for a long time, will finally get looked like the dream.）。正如他所說，我們所見所聞、所經歷的每一天，將會形塑我們的未來。上課、上班時間之外，你的時間都花在哪些事情上？尋找美食、旅遊各地固然不錯，但如果對自己的未來懷抱夢想，就得好好利用時間來實現夢想。像是以財富自由為目標的人，卻習慣花錢花時間在享樂上而不是研究投資，就如同賽跑選手去參加游泳比賽一般，要得到幸運女神的眷顧難上加難。如果希望未來能比別人出色，就得先找出自己比別人更喜歡的事情，哪怕是微不足道、或只比別人做得更好一點點的事，然後把大部分的時間花在這件事上。

　　很多人都說自己很努力卻沒有運氣，事實上是幸運不會降臨在沒目標、沒關注焦點的人面前，如果不知道自己有沒有把時間與精力投入在對的地方，請先從發現自己平常關注的事物開始，找出能帶來好運的目標。

找出目標與關注焦點

你在 Facebook、Instagram、YouTube 裡都追蹤哪些人？

1

2

3

4

5

你在 Facebook、Instagram 中最常分享怎樣的內容？

1

2

3

4

5

看數據就知道世界的變化

2019 年 4 月，當時只有六歲的 YouTube「寶藍頻道」（Boram Tube）的家族公司，以 95 億韓元 (約台幣 2.2 億元) 買下江南清潭洞一棟大樓的消息，瞬間佔據韓國所有報紙版面和新聞報導。寶藍頻道的主要內容就是寶藍小朋友的日常生活，以及玩具開箱等與兒童相關的影片。根據專門追蹤網路社群媒體的美國網站「社會前瞻」（Social Blade）所做的統計，「寶藍頻道」當時的廣告收益，在所有韓國頻道主中排名第一！當時「寶藍頻道」所經營的兩個頻道月廣告收益估算值約在 3 億至 51 億韓元間，我認為保守估計每月至少有 10 億韓元 (約台幣 2,300 萬元) 的進帳！

當時輿論界一片討伐之聲，像是「鬻子求財」、「虐待兒童」等評論全都跳了出來。實際上，「寶藍頻道」經常利用寶藍小朋友拍攝偷爸爸皮夾裡的錢、偷開汽車等刺激內容

的影片，曾被控虐待兒童罪名，寶藍也被交付保護處分。此後兒童頻道便出現了各種規範，「寶藍頻道」從 2019 年 12 月 23 日之後再也沒有上傳影片。

雖然「寶藍頻道」的成功的確有不少爭議，但我想在眾多負面輿論中，也有不少撻伐是出於嫉妒，一個六歲的孩子能得到如此多的關注、賺那麼多錢，會讓許多大人有莫名的無力感與被剝奪感吧？

通常我們看到新聞事件，很容易會讓自己帶入到事件當中，好像自己是當事人一般，但對於想讓成功運氣降臨的人來說，該做的不是語帶嫉妒的指責，而是跳脫出來感受事件背後代表的意義與趨勢。韓國廣播公司（KBS）所播出的電視幼兒園節目的收視率為 0.4%，但一個六歲小朋友在家玩玩具的兩個頻道訂閱人數就有 3,800 萬人，累積點閱次數更高達 123 億次，能看到兩者之間數字差距所代表的意義，才可能看到世界的變化。

這件事與你我毫無關係嗎？如果在我看到寶藍頻道買下清潭洞大樓的消息時，就開始思考自己能做什麼、該怎麼做，

或許未來就會大不相同。

　　廣播電視生態的變化讓廣告市場也隨之改變。根據韓國廣告營銷公司「第一企劃」的調查，2020 年無線電視、綜合頻道、收音機、網路電視（IPTV）等所有廣播電視廣告市場比前一年減少了 8.5%，報章雜誌等印刷廣告市場比前一年減少了 4.8%，包括電影院在內的戶外廣告（OOH）市場比前一年整整減少了 27.2%。相反地，數位廣告市場則比前一年增加 13%，尤其在行動通訊領域呈現持續上升的趨勢，2020 年數位廣告在韓國總廣告市場所佔比例，就高達 47.6%。

　　雖然分析也指出，這可能是因疫情引發「非面對面」（Not face to face）環境所造成的暫時現象，但此前韓國三家無線電視台的影響力就在持續下降中，從廣播通訊委員會《各年度收視率》的調查報告來看，KBS、MBC、SBS 三家無線電視台的總收視率，2012 年到 2019 這段期間就從 63% 下降到 43%。根據廣播通訊委員會 2020 年所出版的《廣播業者財產公報》來看，KBS 的廣告收入在 2016 年還有 4,207 億韓元，到了 2018 年只剩下 3,327 億韓元，整整減少了 880 億韓元。MBC 和 SBS 的衰退也不遑多讓。

現在，人們不再只是透過電視，而是大量使用行動裝置來觀看影片，就算打開電視，也會直接進入 YouTube 或 Netflix。人們不再按時聚集在電視機前面收看自己喜歡的節目，智慧型手機創造的 Video On Demand 完全改變了人們收看影視作品的模式，也動搖了媒體生態界。

那麼，韓國人使用哪個應用程式的時間最長呢？根據韓國媒體公司 WISEAPP/RETAIL 的調查，2021 年 4 月韓國人使用時間最長的行動應用程式，以 YouTube 的 680 億分鐘奪冠，使用時間是第二名 KakaoTalk（韓國最大的通訊服務軟體，市佔率高達 96%）292 億分鐘的兩倍以上。

使用時間越長，也意味著該應用程式中的廣告銷售額越大。2021 年 1 月使用 YouTube 的韓國人，在韓國國內智慧型手機使用者 4,568 萬人中就占了 4,041 萬人，足足占了 88%，平均使用時間為每天一小時。如今，YouTube 已經名副其實成了韓國媒體市場的標準平台，數據告訴了我們這個結果。這樣的數據只跟廣電、廣告領域的工作者有關嗎？不，不管你從事哪種行業，只要想銷售自己的產品和服務，就得體認到數據背後所代表的現實。

在 KBS 所發表的〈2020 年第 3 季度媒體信任度調查〉報告中，針對「最信任的輿論媒體」問題的回答，繼 KBS、MBC、JTBC、TV 朝鮮之後，YouTube 排名第五。現在的世界，已經不能再說「看電視就要看 KBS、MBC、SBS，一介 YouTube 算什麼！」這句話了。KBS 新聞頻道為紀念 YouTube 頻道訂閱突破百萬人、獲得 Google 頒發鑠金獎牌，甚至製作《鑠金獎牌開箱特輯》特別節目做為慶祝。世界不斷的在改變，當社會正在發生天翻地覆的變化時，只有放下腦中已知的舊世界，試著了解、吸收新的趨勢，才能讓幸運站在自己這邊。

每一次選擇，串連成你的運氣

　　人生就是一連串的選擇，每次的選擇串連在一起，成了今天的你我。即便在壓力比較小的學生時代，也得選擇是要和同學們出去玩還是先寫完作業再說，有時不禁想，如果學生時代的我做了許多好選擇，考進好大學的機率也會高一些。世俗觀點還是認為大學的好壞影響到未來成功的機率，進了好大學運氣好的機率更高，其中最大的差別在於過程中所遇見的人：分組作業時的組員，說不定將來就成了創業家，或許帶來同學們共同創業的機會；也或許有些同學成了專業人士，例如律師、醫師或會計師，當我遇到相關問題時就能從同學身上得到專業的建議。

　　雖然考上好大學不保證 100% 能遇到更優秀的朋友、更卓越的同學，從而給自己帶來成功。但不可否認的是，每個階段的正確選擇累積下來，的確會提高成功的機率，而我們

在社會打拼所做的努力，不也是為了提高勝率嗎？我訪問的許多成功人士，在面對選擇時的思考點與一般人不同，我試著歸納出以下三點與你分享：

第一、在做選擇時，首先要考慮的情況不是「現在」，而是「未來」。如果一心只想著現在的困境，反而找不到任何答案。有位出身清寒但現在身價數百億韓元的企業總裁曾經對我這麼說：

「很多人碰到困境總會想著『為什麼只有我這樣？』──為什麼只有我們家這麼窮、為什麼只有我們家餓肚子、為什麼只有我付不出學費，越是這樣想就越難接受現實，卻浪費太多時間在這種徒勞的煩惱上。這種時候該做的不是自怨自艾，而是該想想『雖然現在情況不好，我該做什麼事情才能改善』才對。

我在學生時期就是一直陷在上述的負面循環上，一直到高三才得以轉換想法認真讀書，因為成為大學生之後，就能打工賺學費和生活費。也是在那個時候才意識到『一分耕耘一分收穫』，我的人生從那時才真正開始轉變。」

歸咎父母或當時身處的環境，做白日夢或期望有意外的好運到來並無法改變任何事，反而該想想現在的自己能做些什麼創造以後的運氣。如果每次面臨選擇時都能考慮「我做了這件事情後，接下來會發生什麼事情？」、「認識這個人，是否對我產生正面的幫助？」等等，不是考慮「現在」而是思考「未來」，就會做出更有利於自己長期發展的選擇。

　　第二、即使這次失敗，也還有下一次的機會。我有一位已經功成名就的朋友，也曾經感嘆錯失過大好機會，他這麼回顧自己的失敗：

　　「現在回想起來，很遺憾自己錯失了許多好機會。有家外送平台公司曾經邀請我擔任公司高層主管，但我拒絕了。當時如果到那家公司任職，就能以優惠價格認購股票，以現行股價計算差不多價值 300 億韓元（約台幣 7 億元），當時我萬萬沒想到他們能如此成功，從結果論的角度來說當然是懊悔不已，但這時我想起一句俗語：『一個人一生中會有三次大運』。就算這次很可惜地錯過了，只要能抓住下一次的機會就好。也因為知道自己錯過機會，下次再看到機會到來，更會緊緊地把握。千萬別對過去的事情耿

耿於懷，將注意力放在下一次的機會更重要。」

每個人都有碰到好運的機會，當人生進展非常不順時，或許會覺得運氣離我們越來越遠，如果我們的壽命只有一年，錯過一次機會確實很難碰到下一次，但現代人的平均壽命超過八十歲，在人生的長河中，就算錯過了這一次，也一定還有下一次的機會。幸運與不幸的差別並不在運氣會不會來，而在你有沒有做好準備，所以面對失敗產生懊悔的心情時，記得告訴自己沒關係，繼續做好迎接下次機會的準備。

第三、累積實力才能做出更多的好選擇。有位接受訪問的證券公司高層主管曾經這麼解釋「選擇的複利」：

「人生在世，會遇到很多需要做選擇的情境，能不能做出正確的選擇要看這個人的實力。舉例來說，當一個散戶在比特幣的市值來到 10,000 美元的時候，因為有朋友建議投資就稍微買了一點，但後來比特幣大漲到 60,000 美元，他後悔自己買太少，情急之下向銀行貸款一大筆錢全都投了進去，過沒多久比特幣市值卻腰斬，像這樣的散戶在市場上很多，他們都會自嘆運氣不好，但其實問題不是出在

運氣上，如果曾經認真研究虛擬貨幣，就會知道比特幣大漲大跌的特性，不至於做出硬著頭皮貸款投資的選擇。所以投資當然有運氣的成分，但最終結果還是建立在個人的實力之上。」

也就是說在做選擇時，實力深淺決定了選擇的對錯。通常我們在當下所做的決定，是根據過去的經驗和實力累積出來的成果，一旦事情超過了我們的理解就很難抉擇。前美國總統林肯曾說過：「年過四十，就要為自己的樣貌負責」，意思是年輕時美醜體態多半靠天生，但到了一定年紀之後，一個人能有什麼樣的樣貌，靠的是他性格和態度的長期積累。同樣的，我們也能從一個人的選擇中看到這個人的真正樣貌，包含他的生活水平與價值觀。

通常我們碰到的困擾是，在幾個選項之中到底哪個是正確的，結果出來之前誰都不知道，像前面講到比特幣到底會漲還是會跌。但不是所有的選擇都是如此，有些選擇早就可以分出好壞，只是許多人明知道這個選擇不是最好的，卻因為這樣的選擇更簡單而下決定。所以從一個人一直以來所做的選擇，就能預見這人十年後的生活，這就是

我說的「實力」。有實力的人會做出好的選擇，連帶也提高自己成功的機率，運氣雖然很難捉摸，但只要能累積實力，就會增加我們在未知面前的勝算。

所謂運氣，就是面對世界所提出的無數問題和機會時，我做的抉擇。世界向我提出了一個又一個的題目，把答案全部加在一起，便創造出我的運氣，積沙成塔，每天一點一滴累積的正確選擇，在未來就會以複利的方式倍增，就是主動創造幸運的方法之一。

獲得好運的 4 種途徑

　　好運是透過什麼途徑來到我們身邊呢？雖然訪問過許多自認因為好運而獲得成功的人，我卻從來沒想過這個問題的答案，直到撰寫這本書時，我才試著從他們的經驗歸納出產生運氣的路徑。令我驚訝的是答案出乎意料的簡單，通常好運只會從四種途徑產生：

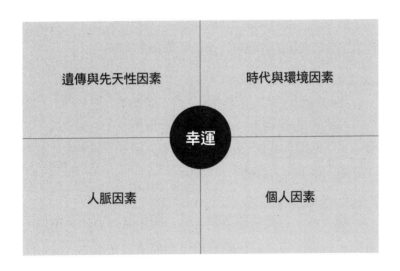

第一種，遺傳與先天性因素。出生在環境好、經濟條件好的家庭，或是擁有父母遺傳的天賦，就是一種福氣。尤其是在體能素質影響較大的運動領域，這種因素的影響更顯著。

　　舉例來說，田徑選手尤塞恩‧博爾特（Usain Bolt）就擁有讓競爭者難以望其項背的身體素質，在 100 公尺項目中以 9.58 秒的新紀錄奪下金牌，被人稱為「懶惰的天才」。他不穿最新研發、能夠降低空氣阻力的賽跑服，因為太過貼身會讓他不舒服。平時在飲食方面也沒有特別節制，比賽前他還吃了最喜歡的麥克雞塊。在談論博爾特的成就時，他的遺傳天賦不容忽視，而且運動領域中他並不是特例，在世界各地都能看到許多傑出的運動員，是頂尖運動好手的第二代。

　　值得慶幸的是，這種人是少數，運氣好、擁有驚人天賦固然能快速走向成功，但家庭環境或遺傳實在是我們無法改變的，不過還有其他三種途徑可以掌握運氣，如果你沒有天生好運，也不必太遺憾。

　　第二種，時代與環境因素。一個才華洋溢的人再怎麼努力，如果不符合時代的需求，也無法發光發熱。換句話

說，在不同時間與空間所付出的努力，會改變成功的命運。有部十分賣座的紀錄片《尋找甜秘客》（Searching for Sugar Man），片中主角羅德里格斯（Rodriguez）曾經是一名在美國乏人問津所以退出歌壇的歌手，他的音樂卻在自己毫不知情的情況下在南非爆紅，成為僅次於鮑勃·狄倫（Bob Dylan）的超級巨星。所以對他來說，他的幸運時代與環境不在他發片當時的美國，而是在幾十年之後的南非。

掌握時代運氣的重點，要看自己喜歡或擅長的事是否適合身處的時代，歷史上有許多生不逢時的藝術家，雖然擁有出眾的才華，卻因為想法太過前衛而不被世人理解，這些藝術家生前未能發光發熱，直到死後才受世人肯定。

不過，透過努力可以創造時代與環境的運氣，如何創造？靠著培養自己對時代的洞察力。現代社會的步調比過去更緊湊，無論在哪個行業，行業內的生態都在快速轉變。例如韓國看似夕陽產業的出版界裡，仍然有些能配合時代趨勢，迅速隨機應變的出版社，反而取得比過去更好的成果。這些出版社在 YouTube 和 Instagram 上擁有自己的頻道，也透過網紅行銷（Influencer Marketing）來確保新的作者和讀者

群。相反地，仍像過去一樣執著於實體店面或媒體廣告的出版社，就會在競爭中逐步落後。

很多人都把「認真做自己」與成功劃上等號，但往往「認真做」與「該做」是兩碼事，現在不同於過去，光是「認真」無法實現革新，需要在認真的同時加上順應環境趨勢的創意，才能憑藉著努力增加運氣降臨的機會，在做到「與時俱進」之前如果能先「洞察時代」效果更好，每個人在努力之餘，也應該評估自己的努力是否符合現在的趨勢，避免事倍功半。

第三種，是人脈因素。許多成功人士會因為遇到貴人而獲得機會，得以發揮潛力。就像韓國足球選手朴智星遇到荷蘭籍足球教練希丁克（Guus Hiddink）、歌手 Rain 遇到音樂製作人朴軫永一樣，許多成功的人背後都有一位擅於發掘人才的伯樂，帶領他們更快的走向成功。就算自己有實力，又正好趕上好時機，卻不一定能剛好遇見伯樂，人與人的相遇也需要一些好運。「就算只有一點點也好，我也希望能透過努力來提升運氣」，最好的方法其實也是最笨的方法，一般人能做的努力是去結識更多人，讓更多人認識自己的可塑

性，就像在伯樂們的心中撒下種子一般，種子發芽茁壯的機率也越高。

第四種，是個人因素，就是指個人的努力。雖說只占運氣整體的四分之一，但若沒有個人因素，其他因素再多也沒有用。靠自己的努力和意志，加上其他外部因素，才能開創出成功的運氣。構成個人因素的細部條件很多，但我認為最重要的是「行動」。想掌握好運，除了要具備洞察時代的眼光，還需要提早做好準備，最重要的就是行動。對一個做好準備卻不採取任何行動的人，老天不會掉禮物給他。我曾經訪問過的一位化妝品公司總裁就說：

「將想法付諸行動是最重要的事，從我個人的經驗歸納，率先挑戰以新品項創業，在第一時間推出新產品，這就是行動。『先做了再說』才能在後來市場趨勢來臨時，將時運化為自己的好運。我們公司因為將面膜銷往中國才得以躍升為成功企業，所以經常聽到別人說我們運氣好。因為要製作面膜並不難，很多公司都做得出來，但我們比較早進入中國市場，又剛好碰上韓流化妝品熱潮爆發的時間點。我承認我們的運氣很好，但我們能夠成功的原因，是因為比所有人

更早行動，提前製造好產品，先一步銷往中國，才能剛好搭上流行爆發的時間點。」

好運是多年準備與時代紅利兩者的交集，積極行動是創造幸運最基本的條件。隨著行動網路的普及跟加速，很多搭著順風車而成立的新創公司，在短短不到十年市值就突破一兆韓元。這些「獨角獸」中最具代表性的例子，就是不具備任何住宿設施的 Airbnb 和一輛汽車也沒有的 Uber 等企業，而他們正是比別人早一步付諸實踐、將時運化為已有的人。

當然，就算能洞察時代做好準備，並且快速付諸行動，但時機何時爆發卻難以得知。成功的例子雖然很多，但失敗的例子也比比皆是。為了具備時來運轉的資格，我們只能邊做好該做的準備，並耐心等待時運的到來。這就像我們堆雪人時，一開始手再凍也得親手把雪捏成團，但當雪球到了一定大小之後，只要放在雪上滾動，雪球就會越滾越大。好運也一樣並非一蹴可及，必須撐過手凍難耐、沒人多看一眼的起步階段，當所有元素逐步到位，運氣就會如同巨大的雪球一樣，自己越滾越大，這就是成功者得到好運的方程式。

如何以行動抓住自己的好運？

　　因為畢業於地方大學，這世界以不是好大學為由，沒給我太多機會。我三十歲才從大學畢業，這世界以年紀大為由，沒給我太多機會。我是從大邱到首爾的北漂青年，這世界以南部人為由，也沒給我太多的機會。

　　傳統價值觀說要「贏在起跑點」，偏偏我是「笨鳥慢飛」，三十歲出頭才開始在首爾為了生存孤軍奮鬥，一開始確實很辛苦，也曾因為上述的種種理由感嘆為什麼自己運氣這麼差。

　　開始經營 YouTube 頻道時也是如此，從我 2018 年 10 月 29 日上傳第一支影片到 2019 年底，過了一年多的時間，頻道訂閱人數好不容易才達到 8 萬人。身為頻道主，這個數字或許不算失敗，但絕對談不上成功。

　　就這樣不好不壞的到了 2020 年，我覺得繼續這樣下去

不會有成長，應該要改變策略了，當時韓國人對理財越來越有興趣，我也開始逐步上傳理財相關的影片。2020 年 1 月 20 日，韓國國內出現了第一個新冠病毒確診者，沒多久股市就開始暴跌。當時我的資產也下跌超過 30%，民眾對股市的關注也越來越高，我相信自己感到不安和焦躁，其他人也有同樣感受。那時因為理財影片讓我的 YouTube 頻道訂閱人數成長到 10 萬人，算是小有基礎，我開始思考該投入什麼樣的努力，可以呼應當前的局勢，得到更巨大的成長。

以前我都是在外面的攝影工作室進行拍攝，得背著一堆攝影裝備到工作室去，拍完之後再收拾裝備回家，表面上只有拍攝時需付工作室按小時計費的租金，但這種方式卻無形中增加費用與時間支出，像是開始拍攝前的準備器材時間都需要花錢，來回通勤也需要花費額外的時間，導致拍一次影片就要花掉一整天。於是我想成立自己的攝影工作室，節省通勤、架設攝影裝備等非必要的時間，再把這些時間拿來拍更多影片。所以我在麻浦地鐵站租了一間 24 坪大、月租金 200 萬韓元（約台幣 4.7 萬元）的商務公寓。當時我的 YouTube 收益不算很高，扣掉這一大筆月租金及影片編輯人員的薪水就所剩無幾，等於是賭上拍影片做白工的風險。

然而，我觀察到這波正從遠處滾來的浪潮逐步逼近，並認為這是我畢生等待的大好機會，大浪來襲就要趕緊划槳，絕對不能錯過這個時機，為此我決定搬家，購買攝影裝備架攝影棚，還將影片編輯人員擴編為 3 個人，說我將當時的人生都押在 YouTube 上也不為過。於是我每天忙著拍片，邀請了 Meritz 資產管理公司代表 John Lee[3]、財經頻道「3ProTV」專家金東煥[4]、Asset Plus 資產管理公司董事長姜芳千[5]等財經領域的傑出人士，每次上傳影片都能讓點閱數飆高，在此

---

3. 韓裔美籍金融家，過去曾任美國 Lazard 資產管理公司的常務理事和高級投資組合經理，專門負責韓國的投資，自 1991 年起管理「韓國基金」，為該基金取得了穩定而強勁的業績，證明了在韓國長期投資的成功。目前為 Meritz 資產管理公司代表的代表理事。

4. 英國伯明罕大學 MBA，韓國漢陽大學經營學博士。36 歲成為韓國 HANA 投資證券公司理事，41 歲晉升專務理事，中間歷經韓國外匯危機和金融危機，離開證券公司。於 2018 年與另兩位志同道合者在 YouTube 開設「3ProTV」頻道（現在為韓國理財領域第一名的 YouTube 頻道），成為財經台《與經濟之神同在》節目主持人，目前也是 E-Broadcasting 理事會理事長。

5. Asset Plus 資產管理公司被評定為 2022 年韓國 39 個基金管理公司中效益最高的公司，董事長姜芳千曾經與巴菲特、彼得林區、班傑明葛拉漢等人一同獲選為「九十九位世界最偉大的投資者」，姜芳千是獲選名單中唯一的韓國人。

激勵下我又緊接著製作了超級散戶系列，這系列影片受歡迎的程度也遠超出我的預期。

從 1 月 20 日到 3 月 19 日不過短短 2 個月，韓國綜合股價指數（KOSPI）就從 2,277 點暴跌到 1,439 點。而在同一時間，《金作家 TV》的訂閱人數則整整增加了 10 萬人。頻道創建之初，訂閱人數從 0 到 1 萬花了我 6 個月，但在此時平均只要 3 天就能增加 1 萬訂閱。2019 年我花整整一年只增加了 8 萬訂閱，但在 2020 年，訂閱人數就增加了 52 萬，創下成長 650% 的紀錄，也因為當時在別人眼中的孤注一擲，才讓我的頻道成為韓國投資理財領域最大的頻道之一。

這的確是一種運氣，但為什麼我可以有一年增長六倍的好運？難道是正好碰上了 YouTube 的全盛時期嗎？若是如此，所有的 YouTube 頻道應該都有同等的成長才對，但在同一時間，大部分 YouTube 頻道卻沒有如此大幅的成長。我認為是過去十年透過大量訪問各行各業各領域的成功人士，累積出跨領域判斷的經驗和能力。而在 YouTube 經營上，也因為 2019 年持續經營頻道，像是企劃、拍攝、剪輯等技能做

好一定程度的準備，也累積了 10 萬訂閱，才是能搭上順風車的基礎。

在前面的章節有提到行動的重要性，既然做好了準備，在時機來到時，唯有行動才能趁勢而起。大膽決定付諸行動需要決心，雖然承租月租金 200 萬韓元（約台幣 4.7 萬元）的商務公寓、購買攝影裝備、或是擴編影片編輯人員都帶來沉重的負擔，但我沒有過度遲疑，也正因為投入帶來的激勵，我比以前花費更多心思籌備影片，上傳影片的頻率增加了，想要掌握機會做到最好的心態也成長了，造成運氣的正向循環。

回首過去，我曾經抱怨世界對我不公平，但這世界卻也帶給我遠超過付出的美好成果，我覺得自己非常幸運！

第三章

速度

打開效率槓桿，好運更快來

雖然埋頭苦幹就能成功的年代已經過去，
但也不是具備十八般武藝就能成功。
與其亂槍打鳥期待好運降臨，
不如想想如何將資源有效投入，
加快運氣到來的速度。

正如許多投資人為提高效率而開槓桿，
在努力達成目標時也要找出能提升效率的槓桿。
啟動好運的速度槓桿，
得先從盤點自己能做什麼事開始。

努力的速度與方向

　　很多勵志書籍與演講都會說「人生掌握好方向比速度重要」，認為只要方向正確慢慢來即可。換句話說，沒有設定好正確方向，就算操之過急也沒用，就像飛機的飛行角度即使只歪了一度，不管飛得多快都會偏離航道，去不了正確的目的地。我同意這種說法，但我還想做個補充：「人生重在方向而不是速度，但唯有方向明確，才能提升速度」。

　　試想：要往哪裡衝刺都不知道，自然無法提升速度，正因為人生不像汽車導航一樣可以設定明確目的地，更容易迷失方向，陷入不知為何努力、該往何處前進的困境，速度自然也快不起來。

　　曾經有位朋友來向我諮詢，他說明明每天都認真生活，但已經創業三年的公司不僅業績沒有成長，也看不到具體的

進步或改變，我便詢問他每天的作息。他上班時間除了投入公司日常營運外，還經營購物頻道當成副業，下班後學英文和中文，積極地經營人際關係，為了保持健康也定期上健身房和瑜珈教室。同時因為他喜歡喝咖啡，還會在百忙之中抽空去上咖啡師證照課程。

這位朋友的作息可以整理成下圖：

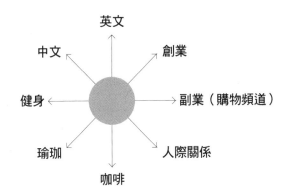

從斜槓的角度來看，這張圖展現他豐富、多采多姿的生活，但若從追求某一領域的成果來看，則看不出他真正想要

達到什麼成就。或許一個多才多藝的人，有可能同時進行這麼多事情，還能在所有領域都取得好成績，但遺憾的是，我們大多都只是平凡人，很難做到樣樣精通，因為每個人的時間有限，當我們分配時間的方式是東做一點、西做一點，與此同時，有人則將所有的時間花在同一個領域，專注在讓自己成為專家，我們就很難與這樣的人匹敵。

像這樣同時朝著太多方向前進，不僅消耗時間，也會讓我們缺乏足夠的精力提升速度，也就很難取得出色的成果。物理學中，物體在加速度的情況下，如果想改變方向會產生阻力，物體的速度就會跟著下降。以時速 100 公里向東疾馳的汽車，如果突然方向轉為向北，就無法以同樣的速度繼續行駛，我們的人生也一樣。上述那位朋友同時朝著八個方向前進，表示他每週會有八次轉向減速。所以我給的建議是，把目前同時進行的八個項目減為四項，像下圖一樣，努力的方向就會變得更明確。

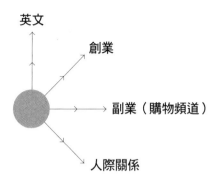

　　減少項目能讓有限的時間和精力更集中，朝原本想去的方向快速前進，理論上如果只專注在一個方向，在該領域成功的機率將可大幅提高。

　　多頭馬車跑不快，準備要加速的時候，卻因為需要轉向而不得不踩煞車，就因為方向太多，導致每一個方向都只能龜速前進。譬如準備多益考試，一個每天只讀兩小時持續兩

年的人，和一個每天苦讀八小時持續半年的人，哪個成績會較高？當然是後者。既然已經設定了目標，將時間濃縮集中在某個方向上，速度自然會越來越快。根據慣性定律，物體在不受外力作用時，運動狀態保持不變形成慣性，我們也可以理解為當移動的速度加快後，只要沒受到阻礙，前進的速度就會形成正向的慣性循環。

事實上，我所見過的多數成功創業者，腦中不僅沒有創業以外的計畫，實際上也沒有時間分給創業以外的事，不但要集中火力在競爭激烈的商業環境裡脫穎而出，還得隨機應變面對外界的變化，所有的時間和精力都得花在事業上。

我建議這位朋友，不要完全相信「人生重在方向而非速度，只要方向正確，徐徐前進也能抵達最後終點」，這句話雖然有其道理，卻忽略許多人性問題，多數的機會與運氣在現實中是先到先得，天下武功唯快不破，想抓住好運，你需要為自己的行動加速。

你今天做了什麼？

✏ 1.將今天做的事情用關鍵字寫下來。

排序	內容	排序	內容
1		6	
2		7	
3		8	
4		9	
5		10	

✏ 2.你最想達成的目標是什麼？

✏ 3.為了達成目標，你做了什麼事情、花了多少時間？

排序	內容	花費時間
1		
2		
3		
4		
5		
花費在目標的時間總和		

🔍 一天 24 小時，假設扣掉 8 小時睡覺、8 小時工作或讀書，剩下的 8 小時中，最少有 4 個小時應該用在實現夢想上，請思考為了實現目標該做哪些事，如果時間不夠，試著從清單中刪除與目標無關的事情。

建立讓運氣持續成長的飛輪

　　為了加快速度，確立方向後全速奔跑很重要，除此之外還有沒有加快奔馳速度的方法呢？雖然令人遺憾，但我認為與生俱來的天賦及先天成長環境都有著不容忽視的影響，即使花同樣的時間，一位才華出眾的人必然會做得更好；一位家境富裕、經驗豐富、人脈寬廣的人，在工作時會比其他人更如魚得水。但平凡的我們也不用氣餒，就算有種種先天限制，還是有辦法憑藉後天的努力，迎頭趕上天賦異稟之人。如何做到？我從亞馬遜創始人傑夫·貝佐斯（Jeff Bezos）在餐巾紙上畫的「飛輪」（Flywheel）模式中找到線索。

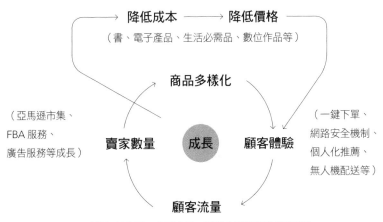

降低成本 ——→ 降低價格
（書、電子產品、生活必需品、數位作品等）

商品多樣化

（亞馬遜市集、
FBA 服務、
廣告服務等成長）

賣家數量　成長　顧客體驗

（一鍵下單、
網路安全機制、
個人化推薦、
無人機配送等）

顧客流量
（增加新會員、尊榮會員、尊榮會員專享免費音樂）

這張圖很單純，標示亞馬遜在成長路上所需要的四個要素：

(1) 增加賣家數量。

(2) 增加商品種類。

(3) 創造更好的顧客體驗。

(4) 增加顧客流量。

＊當這一切如齒輪般正常運轉時，亞馬遜就會成長。

貝佐斯所做的一切，都是為了加速「飛輪」的良性循環。為了建立低成本結構，他興建了物流中心，透過物流中心降低成本提供更低的售價，製造出更好的用戶體驗，最後成就了亞馬遜的成長。飛輪的核心雖然是以顧客價值為中心的經營策略，卻給了我關於追求成長的不同啟示。

　　亞馬遜這麼大的一家企業，微觀上追求成長可能要做幾百件事，但貝佐斯將飛輪的核心要素拆解出成四個重點，我也試著把這張圖的飛輪概念應用在生活中，不管是新書出版還是進行新企劃，甚至用在規劃個人的運動清單上。下圖是我規劃 YouTube 頻道時畫出的成長模式：

①事先做好企劃，才能製作優質的訪談。
②邀請有精采作品和專業知識的嘉賓。
③使用專業器材，並且事先規畫構圖再進行拍攝。
④運用剪輯、字幕、音樂、效果編輯影像。
⑤決定標題，製作縮圖，撰寫影像說明和標籤後上傳。
⑥對上傳的影片進行自我評價。

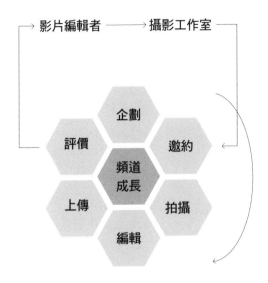

　萬事起頭難，把目標進行拆解後，只要顧好這六個環節，就能讓一個剛創立的 YouTube 頻道快速踏入正向成長。將飛輪定義出來後，我該做的事情也變得十分明確，如此一來準備影片的速度就加快許多，而且還能客觀評估每個環節中哪些事情做得好、哪些事情做得不好。

　亞馬遜透過物流中心壓低成本來提高競爭力的做法，也適用於經營 YouTube，所以我開始壓低製作影片需要的時間

成本。因為我一個人時間有限，所以雇用影像編輯者；為了縮短拍攝所需的時間，成立了自己的攝影工作室。隨著飛輪中「企劃、邀約、拍攝、編輯、上傳、評價」這些環節一次次的運轉優化，隨之而來的就是效率飛快地提升。

目前《金作家 TV》頻道一個月大概會上傳 80 部影片，而製作出所有影片的人力除了我自己外，只多請了一位影像編輯者協助，就是因為有了製作影片的系統，我們才做到快速更新。影片更新頻率和我差不多的頻道通常是 4 人以上的團隊，相較之下我的小組只需要 50% 的人力成本。

建立飛輪的另一個優點是，因為該執行的項目都有明確定義，就能避免浪費時間。我觀察到很多人在挑戰一個新目標時，把多數時間花在煩惱該做什麼和怎麼做，但自從我建立飛輪模式後，就再也不需要把時間浪費在不必要的空想上。因為下一步該做什麼顯而易見，只要短時間就能思考完並且馬上採取行動。當然，在建構飛輪時，必須投入許多時間調查，但做完功課把飛輪建出來後，接下來的執行速度只會越來越快，最後產生向前滾動的強大力量。

飛輪模式可應用在生活中所有領域上，當我們思考要達成一個目標該進行哪些工作時，先拆解各項任務間的關聯，從而找出建構飛輪所需的要素，無論是就業、創業，甚至學英文都一樣，如此一來就能在不知不覺中加快速度，成功的機率自然也隨之提高。

有了明確的運作模式，生活作息會自然而然的變規律，進而幫助我們更有效率地運用時間。如果你還在浪費大把時間思考和煩惱，請先開始拆解你的目標，建立出飛輪系統來推動自己前進，在競爭激烈的市場，這是平凡的我們高效前進達成目標的方法。

YouTube 頻道成長飛輪（範例）

🔍 1. 你的目標是什麼？(YouTube 頻道成長)

🔍 2. 用關鍵字盡量列出實現目標所需進行的事情。（企劃、邀約、拍攝、相機、嘉賓、編輯、音樂、攝影棚、點閱率、上傳、廣告、設計、拷貝、字幕）

🔍 3. 排定上述所寫關鍵字的先後順序。
項目最好不要超過七個，細節過多只會減慢速度。

排序	項目	針對細節，提出問題檢視是否有做到
1	企劃	① 大眾性：大多數人會關心這個內容嗎？ ② 創意性：這個內容能吸引人們的興趣嗎？ ③ 嫌惡性：這個內容是否會引發負面觀感？
2	邀約	① 專業度：嘉賓是否有專業的背景或足夠的實力？ ② 知名度：嘉賓是否知名？粉絲數量夠多嗎？ ③ 溝通力：嘉賓的表達能力是否足以展現他的專業？
3	拍攝	① 攝影棚：攝影棚環境、隔音是否完善？ ② 攝影裝備：是否備有符合訪談目的的相機和麥克風？ ③ 攝影構圖：拍攝構圖是否合適？
4	編輯	① 剪輯：影片中該刪、該留的選擇是否恰當？ ② 背景音效：是否能延長觀眾專注在影片上的時間？ ③ 字幕：是否加上字幕？
5	上傳	① 縮圖：圖片足以吸引人們點閱嗎？ ② 內容說明、標籤檢索：是否放了合適的關鍵字，能增加在搜索引擎的曝光？ ③ 上傳時間：是否選定多數人都能看到的時段？
6	評價	① 觀看次數：是否有許多人觀看？ ② 曝光點閱率：影片曝光後，是否有人點擊觀看？ ③ 平均收看時間：觀眾願意花多少時間收看這支影片？

為自己的目標建構飛輪

✎ 1. 你的目標是什麼?

✎ 2. 用關鍵字盡量列出實現目標所需進行的事情。

✎ 3. 排定上述所寫關鍵字的先後順序。
項目最好不要超過七個,細節過多只會減慢速度。

排序	項目	針對細節,提出問題檢視是否有做到
1		
2		
3		
4		
5		
6		

你需要矛？還是盾？

「該強化優點，還是該彌補缺點？」你是否有過類似的煩惱？

根據蓋洛普（Gallup）公司所展開的「克利夫頓優勢評估」（Clifton StrengthsFinder）計畫數年調查的結果顯示，清楚知道自己優點所在的人，才是最能幹的人，然而許多人卻耗費大把時間在彌補缺點上，而不是用來加強自己的優點。如此一來，許多學生的學經歷或能力都趨於標準化，即使好不容易進了大企業拿到好工作，也只能成為平庸的上班族。哈佛商學院教授文英美（Youngme Moon）所著的《哈佛最受歡迎的行銷課》（Different）就提到：

「我在教書時想出一個自己覺得還不錯的方式，用來激勵我帶的小型討論會上的十幾名學生，我對他們的表現

做相當詳細的評量。過了幾星期，我才開始意識到這個評量計畫的後續效應：幾乎班上的每位同學都把重心擺在改進自己的缺點。思考最有創意的學生，努力加強自己的分析技巧。分析能力最強的學生，則致力於加強自己的創意。沒有人發揮自己的優點，都在改進缺點，於是課堂討論開始失去活力。

這些用來監測自己競爭地位、立意良好的做法，無論是品牌定位圖、市場研究，還是形形色色的競爭分析，都可能將你導向同質化。追求面面俱到的結果，就是和群體一起回歸平均值。」

人性導致大多數的人或企業所付出的無數努力，都只是為了完善自己的缺點而已，只有極少數的人會努力加強自己的優點。結果讓多數人變得更為平庸，只有極少數人擁有更突出的能力。

在職場上我有個致命缺點，從小我就討厭英文，成績也一直都很差，第一次考多益只拿了 230 分。後來又考了幾次，成績還是沒進步，我就放棄強化英文能力了。但對一個準備

求職的人來說，英文不好是致命的缺點，光是在文件審查階段就會被淘汰，對於想在大企業上班的人來說，放棄英文絕對不是容易的選項。

無法做出像其他人一樣的選擇，將大把的時間和精力投注在不擅長的英文上，我決定轉而努力磨鍊自己擅長的部分。前面曾經提過，我在許多公開徵集活動中獲得了大獎，畢業時還拿到了總統獎。因為有這樣的經歷彌補英文不好的弱項，出乎所有人意料地進入外商公司任職，之後運用過去所累積的企劃、寫作、演講能力成為作家，出版七本書，現在則將這些優點轉化為訂閱人數破百萬的 YouTube 頻道。如果當初我為了彌補缺點死抱著英文不放，或許不會有現在的表現。

為了寫書而大量採訪奧運金牌得主時，我領悟到，即便是世界最頂尖的選手也是人，都會有缺點，但這些選手面對優缺點的共通想法是「缺點再怎麼努力也無法變成優點」和「當我將優點打磨成自己的最大優勢時，才能以此為武器在競賽中獲勝」。其中一位選手告訴我：「如果把時間都花在彌補缺點上，最後會連優點也變得平庸無奇」。或許有些缺

點需要某種程度的改善，但在努力縮小與別人的差距後，就要避免把時間放在進步甚微的項目上。如果硬要將缺點變成優點，很可能會成為不上不下的二流選手，要成為世界頂級選手，只需要一個壓倒性的優勢就行。就像把磨利自己長矛的時間拿去打造盾牌，我的矛就無法刺穿對方的盾。

每個人時間都有限，把精力集中在優點而不是缺點上，才是發揮最大效益的策略。或許有人會心想「如果既能改善缺點，又能將優點化為獨特武器該有多好？」雙頭馬車跑不快，只能在兩者中選擇一個方向全力奔跑爭取優勢。運氣不等人，當運氣到來時必須累積足夠的優勢，換作是你會怎麼做？

我的長矛是什麼？

✏ 寫出你目前擁有的三項優點，找出能將優點化為優勢的方法。

排序	優點	將優點化為優勢該做的事
1		① ② ③
2		① ② ③
3		① ② ③

爭取好運上門的說服力

　　人生是由一連串的選擇累積而成，不過現實狀況下當我們有求於人時，選擇權卻多半掌握在他人手上，所以要抓住好運，不是光靠自己苦幹實幹就能成事，也該學習如何說服他人做出對我有利的決定。像我這樣先天沒有好運的人，該如何透過溝通技巧讓別人願意幫助自己，把運氣拉到身邊？以下是我的實戰經驗：

　　第一、站在對方的角度思考。說服他人時，最重要的是找出「誰是決策者」。如前所述，許多時候決定權在他人手上，像是餐飲店的生意受顧客影響，求職者是否被錄取則決定在面試官的手中。如果一位求職者對面試官說「我如果得到這個職缺，一定會對公司鞠躬盡瘁，死而後已」，這句話不是站在面試官的角度，而是站在求職者自己的角度說的。面試官想知道的不是「這個人多迫切想進公司」，而是「這

個人進了公司後能帶來多少成績」。

想讓對方選擇自己，就要從對方的角度思考後再開啟談判，可惜許多人因為自己太想獲選，而把專注力放在展現自己身上，反而無法看清對方的立場。如果一項議案的決定權在對方手上時，絕對不能只站在自己的觀點來思考。坐在談判桌上，必須將自己當成對方，才能推測出對方想要什麼。

第二、讓對方擁有名分或實利。我大學畢業時，已經為求職做好準備，不只拿到 17 次公開徵集活動的第 1 名，也去過中國、烏茲別克、尼泊爾等地從事海外志工活動，在大企業和跨國企業實習過三次，畢業時還拿到總統獎。然而，即使有上述種種經歷，「地方大學畢業生」這個頭銜仍然讓我的求職之路崎嶇不平。當我克服萬難，進到人人稱羨的外商公司後，我將自己的求職心得寫成《沒有翅膀，只好用跑的》一書，這是一本針對學歷不夠出色的新鮮人而寫的求職指南。

但書不是寫出來就好，還得創造實質銷量，於是我回母校與校長見面，利用短短十分鐘告訴他這本書對學弟妹們的

重要性。我是這樣說服他的：

「在我幸運地進入跨國企業任職後，有許多母校學弟妹寄電子郵件給我，訴說他們的煩惱和掙扎。這些學弟妹問我：『學長，從我們學校畢業真的有希望嗎？每次提到校名，我都有種在朋友面前抬不起頭來的感覺，我煩惱到晚上都睡不著覺。』『學長，我在新生入學典禮的前一天哭得太厲害所以沒去學校，我真的覺得考進這間大學太丟臉了！』

聽到這些話令我感到惋惜和難過，相信校長您也和我有同樣的心情。為了讓我校學生不再以校為恥，消除他們的自卑感，讓他們相信就算從我校畢業也能在大企業任職，我認為學弟妹們需要一本激勵他們的書。

這本書是為了幫助新鮮人，在重視學歷的社會下生存的求職指南，對於背負學歷壓力的學生們來說，這本書必然能給他們力量，因為他們和我站在同一個起跑點上。如果能透過這本書，消除我校學生的自卑感和受害者心態，在校期間能專心讀書，畢業後能找到好工作，最後有機會

完成夢想，這些成功校友所累積的口碑，不就能讓我校躋身名門大學嗎？」

校長對我的話深有同感，十分鐘談話結束後，二話不說訂購了一千本書。我沒花一毛行銷費用就賣掉了一千本，因為我給他一個身為校長不得不買書的大義名分，既能提升學校的形象，又能對在校生產生實際的幫助，校長大手筆買書不只是在幫我這位校友，也是在幫他自己。

同樣的，我寫信推薦這本書給就業相關的雇用勞動部長，以及與教育相關的教育科學技術部長。我在信中寫：

「二十歲時就讀的大學便決定了一個人的一生，這是不合理的。我希望我們的社會也能給中後段大學畢業的學生一個翻身的機會。」

靠著這封信我得以和兩位部長單獨會面，交流年輕人因為學歷而無法翻身的議題。為何這兩位部長願意在百忙之中抽出寶貴的時間給我這位新人作家呢？我能帶給他們實質上的利益嗎？並沒有！回想起來，這或許只是部長們同情一個

三十多歲年輕人所給予的關懷，但可以肯定的是，當時的我帶給部長名分上的好處。

《人資主管百人密訪錄》一書出版時，我與出版社也沒有足夠的行銷預算為這本書打出知名度，雖然讀者群鎖定的是準求職生，但多數的大學應屆畢業生都忙著累積經歷四處投履歷，不見得有時間看書，我想到正在服兵役的年輕人退伍後也會面臨就業問題，同時他們空閒時可以閱讀，於是我又提筆寫信給國防部長：

「在我服役期間最憂心的不外乎兩件事，就是『思念部隊外的家人和戀人』以及『擔心今後的前途』。近來軍營的制度越來越開放，開通社群平台讓士兵可以和家人交流，也調整了休假方式，多少解決了第一項擔心。因此就業成了大多數士兵最擔心的事，也因為就業越來越難，人在軍中對於退伍後的前途更顯得無能為力。

對現在二十多歲的年輕人來說，就業是當前最重要的課題，而能協助這些年輕人解決就業課題的就是這本書。這本書整理出我採訪一百位人事主管得到的求職秘訣，希

望能多多少少緩解士兵們面對就業難關的沉重不安。願所有軍人都能把服役時間看作是『成長的時間』，而不是『損失的時間』。」

除了國家元首之外，軍隊中最高階的上將，韓國國內只有八名，即陸軍參謀總長、海軍參謀總長、空軍參謀總長、聯合參謀總長、韓美聯合軍司令部副司令官、陸軍第一和第三野戰軍司令官、陸軍第二作戰司令官，加上文職的國防部長，我將信跟書各別寄給以上九位。

在說服大學校長時，我是以母校兩萬名大學生為對象，而這次則是以六十萬國軍士兵為對象。因為這次要說服的規模大得多，我決定同時寄信給九位而不是寄給單獨一位。幾個月之後，我的書入選每年只收錄十五本書的國防部文庫，雖然只有兩頁信紙，卻透過軍中曝光創造了一萬三千本的銷量，這同樣也是名分好處所帶來的力量。

不過，比名分好處更能發揮力量的卻是實利。我曾經採訪 30 位指考滿分的考生，將他們的學習法整理至《第一名不會像你那樣死啃書》一書中。為了宣傳，我希望透過媒

體登載書評，這時候的關鍵問題是：我該發電子郵件給哪些記者？一般出版社或作者通常會寄書給文化部負責出版的記者，但我想從負責報導大學指考或教育相關新聞的記者下手，對他們來說這本書的內容就是現成的報導題材，於是便彙整記者們的信箱發新聞稿。

新聞稿的內容對教育線的記者們有實質利益，我等於提供了一個名為「第一名不會像你那樣死啃書」的新聞題材。果然，發信後僅過了兩天，一條有關這本書的新聞報導就登上了「社群網站最多人分享的消息」第一名，也自然而然讓這本成為暢銷書。

想要說服別人時，必須帶給對方無法拒絕的名分好處或實際利益，才有可能說服對方，名份夠大即使沒有利益也能讓對方難以拒絕；若是名份結合上利益夠大，沒有人會拒絕舉手之勞幫你一把。

每個人其實都想著要「賣」什麼東西來創造自己的好處，「賣」這個字雖然很直接，會讓人感到有點沉重，卻是不容否認的事實。咖啡店老闆賣咖啡、YouTube 賣影片、上

班族賣自己的時間，但許多人只急著「賣」，卻沒能站在對方的立場著想，要先打動買家的心，才能賣掉自己想賣的商品。

最後還要提醒各位讀者，在說服對方前至少要做好說服自己的準備，我策畫上述行銷方案時都會再三推敲，這點非常重要，像我寫信給九位軍方高層官員，或許他們能做的只是把書跟信轉給負責選書的相關部門而已，但我對書的內容非常有信心，只要能讓書出現在文庫負責人的眼前，就一定會被選上。既然我已經完全說服自己，接下來只需要將計畫付諸行動，並堅信好運的降臨。不過話又說回來，就算我的書沒被選上，又損失了什麼？不過就是九封信跟九本公關書罷了。

跳脫框架才能看到不同的風景

　　2021年韓國最熱門的YouTube節目是收看人次突破6,420萬次的《金錢遊戲》。《金錢遊戲》是一個在網路播出的真人秀節目，八位皆為YouTuber的參賽者居住在特別布置過的拍攝現場，挑戰為期14天的生存遊戲，總獎金高達4.8億韓元（約台幣1,100萬元）。在遊戲進行到第八天時，最先被淘汰的參賽者是YouTuber「邏輯王傳奇」，最後比賽優勝的兩名參賽者則各自分得獎金7,500萬韓元。如果從結果來看，「邏輯王傳奇」並不是遊戲的優勝者，卻是節目的最大受益者，為什麼？

　　在《金錢遊戲》節目播放到參賽者之間衝突白熱化時，存活到最後的幾位參賽者們經營的YouTube頻道訂閱數卻開始下滑。反觀原本訂閱人數只有11萬人的「邏輯王傳奇」頻道，在節目播出後，才過了一個月訂閱數就超過100萬人，

同時觀看他 YouTube 直播的觀眾人數高達 38 萬人，寫下該時段世界第一的紀錄！據估計，他的 YouTube 頻道每月收益超過 1 億韓元。雖然他在《金錢遊戲》中最早被淘汰，卻賺了比優勝獎金更多的錢，而且還不是一次性的收入，而是頻道未來每個月都會有的固定收入。

這個故事讓我覺得很神奇，為什麼在《金錢遊戲》中最先被淘汰的人，卻成了最大受惠者？因為其他的參賽者深陷於節目的框架中，在比賽中為了求生存、拿獎金，不惜上演拉幫結派、獎金私分的戲碼，最後即便贏得了獎金，卻輸了真實世界。他們沒想到這是有數千萬人在收看的節目，而收看節目的觀眾們都存在於真實世界中，參賽者們的形象不是由比賽結果決定，而是活生生的觀眾們。

因此，只有在節目中留下好印象的參賽者才成了真正的贏家，節目優勝者其實也同樣的生活在真實世界。如果他們仔細想想自己最後能從這節目中獲得什麼，想必過程會大不相同。然而，一旦受限於《金錢遊戲》的 14 天生存競爭和獎金 4.8 億韓元的框架，大部分參賽者的目標就剩下生存和獎金而已。他們完全沒考慮到節目總有結束的一天，真實世

界的日子卻還要繼續下去。

「框架」的影響力相當巨大。我在二十多歲時，努力想改善自己生活，當時我看到了國會招募大韓民國國民代表61人的公告。這是為了制憲節61週年所企劃的紀念活動，除了世界知名的設計師李相奉、奧運柔道金牌得主崔敏浩等30位代表社會各領域的韓國之光外，還計畫從民間邀請31位各界人士作為代表，而我則想躋身到這31名代表之中。

我仔細查看招募公告和報名表，除了需要填寫個人基本資料外，還要簡短敘述自己應該入選國民代表的理由。在此框架下非常難展現個人特色，更何況報名人數可能高達數千人，我想不出要如何在一千字之內凸顯自己，跳出「報名表格」的框架是我唯一的勝算。就在我絞盡腦汁之際，我看到公告的角落有個印得非常小的電子郵件信箱。

「就是這個！」這就是我跳脫框架的方法。公告只規定要填好基本資料，此外沒有其他規定事項。應該沒有人會寫郵件去做更多表述吧，所以我填完基本資料後，用簡報軟體製作了多達20頁的提案書，鉅細靡遺的表述自己應該成為

61 人國民代表的理由。半個月後，我接到來自國會的聯絡。

「請問是金度潤先生嗎？您獲選成為 61 位大韓民國國民代表。」

「真的？請問我能知道獲選原因嗎？」

「您發了一封郵件，附上檔案說明自己應該獲選的理由，對吧？這麼做的人只有您一位而已。」

當我從國會議長手中接過委任書，拍攝紀念照的時候，對自己的好運有所感概。一言以蔽之，最關鍵的因素就是思維轉換。因為我在框架外尋找答案，才得以創造出別人沒有的運氣。或許有人會問「就這麼簡單？」但這種思維的轉換不就像「哥倫布立蛋」的故事嗎？明白之後就覺得簡單，卻不是每個人都能實際付出行動。

不過跳脫框架的思維仍有前提，得先明白單純的手段與厚顏無恥的行為有天壤之別。像上述的例子，如果無視國會規定提交的基本表格，光隨自己高興只提交簡報資料，恐怕在第一關就被篩掉了，更遑論好運的造訪，跳脫框架雖然重要，但還是要忠於遊戲規則，才不至於過猶不及。

不是「運＋技」，而是「運 X 技」

　　韓國人常說「運七技三」，是指事情的成敗七分靠運氣、三分靠努力，如果沒有好運相伴就很難成事。雖然我同意這句話，不過我想先讓大家聽聽伊恩投資顧問公司代表朴誠鎮[6]怎麼說。

　　「我同意運氣佔了七分，但這句話得調換一下順序。不是『運七技三』，而是『技三運七』，應該把『技三』放在前面才對。雖說只靠『技三』能做到的有限，但不是實力不重要，而是光靠實力不夠，真正有實力又努力抓住

---

6. 韓國科學技術院經營工學博士，以價值投資聞名，經常受邀在 YouTube 財經頻道上講解有關價值投資的知識和情報。

運氣的人，就算失敗一兩次，最後也能得到某種程度的成功。拿投資來說吧！想成為身價數十億韓元的有錢人，或許只要努力就可以做到。但想成為身價數百億、數千億、數兆韓元的富豪，運氣不夠好就永遠做不到。

我到 2000 年才開始對理財產生興趣，但那時也只是太太用我的薪水投資而已。我們那時在木洞大樓住宅區買了一間房子，在 2001 年房價漲了很多，就在 2002 年賣掉房子。當時網際網路泡沫反而成了投資股票的好時機，也幸好我們賣掉房子用這筆錢作為投資的起步資金，才能抓住最好的進場時機。

我在股票上賺最多的時期就是 2004 年和 2005 年，要不是有那筆起步資金，收益一定大幅減少。雖然說是房子賺的錢讓投資達到錢滾錢的效果，但如果沒有我自己鑽研精進投資實力，就算運氣好在對的時間進場，也有可能會賠光，所以我總是強調『技三運七』，事後回想也確實是這樣沒錯！」

在股票投資的領域中，能贏過市場的人不多，實力不

足碰上股市行情不佳時很難獲利。如果所有事都能按自己的計畫順利進行，自然可以說百分之百靠自己的實力。但在現實生活中，我們的生活常常因為一件小意外而發生巨大的變化，有可能因為認識了某個人、到了某個地方，使得一個原本身價數十億的有錢人成為資產以兆為單位的富豪。

在事業領域也一樣，如果詢問登峰造極的成功人士「你現在所有的一切，全都是出於自己的努力或實力嗎」時，他們大概也不會輕易地說「是」。因為在攀爬向上的過程中，會遇見無數競爭對手，其中也一定有比自己優秀的人，但最後卻是自己站上最高峰。若要他們說只靠自己的實力就能一路披荊斬棘，多半會有些不好意思。

因為深知「人外有人、天外有天」的道理，所以成功者很少會撇開運氣不談。如果問他們「成功需要運氣的占比有多少」時，得到的回答是「至少一成」。雖然他們不會說成功一定是靠好運，但起碼得利於這一成運氣，顯然運氣是渴望成功的每一個人都不可或缺的要素。沒有人可以任意操控運氣，我們只能努力做好份內之事，先具備自己所想要的實力，擁有了三分的技之後，剩下七分的運才有造訪的餘地。

奧運金牌得主們也不約而同說過相同的話，靠努力可以入選奧運國家代表隊，但想要奪得金牌就得看運氣。或許正因為如此，每當有人詢問奧運金牌得主如何奪金時，大部分選手會回答「運氣好」。能一路過關斬將來到決賽的兩名選手中，哪一個奪得金牌都不奇怪，通常兩名選手的實力不相上下，只看最後誰的脖子上掛金牌、誰的脖子上掛銀牌罷了。

　　光聽這段話，會以為運氣似乎更重要，但自己也得先拿到進入決賽的資格才行。先要滿足「技三」，才能發揮「運七」的力量。「運」有可能比「技」重要，但順序上「技」肯定要擺在前面。

　　以 7,000 萬韓元的資本起家，現在已成為身價 200 億韓元資產的第一代超級散戶金正煥代表，也跟我提過有關「運七技三」的另一個重要領悟。他說，運七技三這樣的說法，讓大家以為是「運＋技」，但其實是「運 × 技」。

　　「也許有些人天生就沒什麼運氣，但越是這樣就越應該培養『技三』。在運和技不是相加而是相乘的情況下，就算技三所占的比率不大，但只要好好培養，結果絕對會大大地

超出想像。但人們的作法總是背道而行，就算天生好運，如果永遠只靠運氣，不管技能的話，總有一天會連原有的好運都敗光。

我希望自己成為創造運氣的人，雖然有先天的運氣，但加上後天的努力將運氣化為己有，才有可能發光發熱。我常開玩笑說以前人信八字可以改運，現在時代變化太快，原本不好的八字搞不好隨著環境改變，變成好八字也說不定。」

如果以汽車作比喻，可以把運氣想成車鑰匙。如果問鑰匙的重要性之於一輛汽車中占了幾成的話，大概沒有人會說超過一成吧，但汽車沒有鑰匙就無法發動，我們雖然需要運氣這把鑰匙，但在這之前必須先準備好一輛汽車，並且具備駕駛汽車的能力，總有一天必然會有一把可以發動汽車的鑰匙交到我手上。

第四章

作息

日常生活的命運之輪

假設人的平均壽命八十年，

我們的生活就是由 29,200 天組成。

換句話說，一個人的一生是由 29,200 片拼圖拼成的。

一片拼圖放錯了位置，

會導致其他拼圖也跟著錯位的不幸。

一片拼圖放對了位置，

會招來其他拼圖也隨之歸位的幸運。

你把今天的拼圖放在哪裏呢？

機會來了為何還是原地踏步？

有人問我「你訪問過這麼多成功人士，你認為這些人是如何成功的？」我會將成功分為兩方面：「機會數量」和「掌握機會的成功率」。如下圖所示：

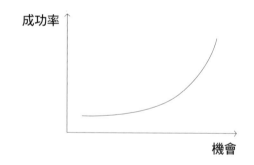

以剛畢業的求職者為例，要做的第一件事就是儘量多投履歷，才能增加自己曝光的機會。但單單只是機械性地重複

投履歷，並無法提高成功率，只有往超越投履歷的層面努力，培養出足以掌握機會的實力，才能提高就業機率。

就像有位廚師開了間餐廳，剛開幕時會有些客人因為好奇而走進來，路過的行人、住在附近的鄰居等，這是一家餐廳開幕的蜜月期，也是機會最多的時候，但如果客人每次來都覺得不滿意，新客人造訪的機會就會越來越少。

經營餐廳最重要的是顧客滿意度，除非是網路熱門餐廳，不然 90% 以上的客人都是來自附近的辦公區或住宅區。如果餐點不好吃，客人或許會因為其他餐廳客滿，勉為其難再次造訪，但要是這次食物也同樣難吃的話，大多數的客人不會再給下一次機會。在客人永遠離開前，不論是食物的味道、服務品質、室內設計等都應該有所改進，至少要掌握現在上門用餐的顧客滿意度才行。

再以經營 YouTube 為例，我的頻道訂閱人數已經超過百萬人，所以常有人向我請教經營頻道的問題。會主動來請教我的大多是卡在停滯期很久的頻道主，訂閱人數和點閱數都偏低。我通常會這麼建議：

「既然已經上傳 100 部影片，觀眾卻不買帳，表示原有的做法已經耗盡機會。如果還想提高觀眾的點閱率，頻道內容就得有所改變，不論是換一台相機、調整縮圖排版、改變影片剪輯方式都好，總要改變些什麼做點實驗，創造出有別於現在的內容，否則點閱數絕對不會成長。」

聽我這麼說，頻道主們常常這樣回答：

「像現在這樣持續上傳影片，就能獲得更多機會，只要訂閱人數變多或點閱數提高，成績變好後再來提升設備，最後不也是會有好結果嗎？」

這個思維顯然有問題。如果成績好，表示人們喜歡現有的影片，當然沒必要換做法。就是因為過去上傳的影片表現持續低迷，我才建議必須做出改變，找出更好的做法提高點閱率。結果頻道主們卻堅持用原有的方式製作影片，在那之後點閱數依然低迷不振，最後大部分都關閉頻道。他們需要的不是更多的上片機會，而是掌握觀眾每次造訪的機會，提高觀眾喜歡影片的成功率。遺憾的是，如果觀眾不點閱的比率越來越高，結果反而會如同下圖，機會隨著時間慢慢減少，

最後可能連挑戰的機會都消失，只有提高觀眾的點閱率，成功機會才會相對增加。

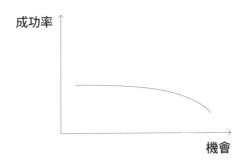

這個理論套用在企業上，會有所不同嗎？檢視企業經營成果經常使用「投資報酬率」(ROI) 作為參考指標，計算方式是將淨利潤除以投資成本，或將資產週轉率乘以銷售利潤率。如果把前述「增加機會數量」當作提高週轉率，那麼「提高機會的成功率」就相當於提高利潤率。一個企業不管週轉率多好，仍然需要確實提升利潤率，才能讓投資報酬率極大化。

過去「腳踏實地」是最重要的美德，只要老實努力地日

出而作、日落而息，就能過好日子，但是，二十一世紀需要的是「有智慧的腳踏實地」，每天只是重複做同樣的事無法成功。前述那些頻道主最大的問題就是沒仔細思考 YouTube 經營成果不佳的原因，只想著「腳踏實地」重複同樣的行為卻期待不一樣的成果，反思現況隨時一項一項去落實改變，才是抓住機會與運氣的關鍵。

學校畢業後面對的社會，不是演習而是實戰，在社會上的高度競爭下，對待失敗也沒那麼寬容，希望大家不要完全信奉「失敗為成功之母」這句話，因為在現實中，多數人不會把機會留給一個不斷失敗，而不思考如何改進的魯蛇。

好運就像拋硬幣？有更聰明的方法

　　拋一次硬幣出現正面的機率有多少？當然是 50%。拋兩次硬幣出現一次以上正面的機率為 75，拋三次硬幣出現一次以上正面的機率為 87.5%，拋十次硬幣出現一次以上正面的機率為 99.9%。

　　如果把硬幣的正反面換成人生的成功和失敗，當我們挑戰某個目標時，挑戰一次的成功機率為 50%，挑戰兩次有一次成功的機率為 75%，挑戰三次有一次成功的機率為 87.5%，挑戰十次有一次成功的機率為 99.9%；反過來說，挑戰十次，十次都失敗的機率只有 0.1%。

　　但聽起來很美好，為何在現實中結果卻不是這樣？例如，新鮮人投了十份履歷給十家公司，至少應該有一家通過才對，為什麼實際上落選一次的人之後也一直落選呢？真實

世界很少有「至少成功一次的機率是 99.9%」這種事，硬幣的正反面，與我們人生的成功率有什麼不同？

答案很簡單，因為硬幣的正面和反面出現的機率都是 50%，但是現實中每個人擁有的條件卻各不相同。

拿學經歷不同的兩個新鮮人 A 和 B 為例，假設兩人所讀科系都一樣。A 畢業於首爾知名大學，GPA4.3 分（Grade Point Average，成績點數與學分的加權平均值），多益成績 950 分，有 2 次在大企業實習的經驗。相反地，B 畢業於地方私立大學，GPA3.8 分，多益成績 700 分，沒有大企業實習經驗。

雖唸不同大學但科系相同，兩人想進的公司或許很類似。如果他們都希望能進入規模大、年薪高的企業工作，應徵的公司可能會大量重疊。那麼問題來了，如果你是人資主管，你會選誰？如果應徵三十間公司，這三十間公司的人資主管可能都想選 A。與硬幣的正反面不同，求職者的條件可以通過比較來區分高下，即使有再多的機會，B 也很難戰勝 A。如果不改變自己所擁有的條件，就沒辦法指望結果會不同。

然而，許多學生即使在應徵數十家公司沒通過之後，也沒想到要改變自身的條件，只是繼續向更多企業投履歷，心想或許運氣好，有可能被其中某間公司錄用，但那可稱之為好運嗎？這間公司是自己最初想進的公司嗎？還是說這間公司是 A 連看都不看一眼、許多優等生不會投履歷的公司？

我經歷過三次實習和一次約聘後才得到正職工作，所以非常清楚就業有多困難。不過，即使就業再困難，也不能隨便將就一間公司工作，B 在應徵數百家企業前，還有很多可以提昇自己的方式，例如插班進比 A 更好的大學、提高多益成績、累積更多實習經驗、考到 A 沒有的資格證、把自傳寫得更好等，這才能改變自己的條件。也是在區別「通過」和「淘汰」的求職戰爭中，創造更好的運氣來影響結果的方法。

無論是就業、晉升、還是創業，如果失敗了，就應該認清自己目前所在位置，為提升自我而努力。我落選並不單單代表自己不夠好，更準確地說，是自己比競爭者差。因此，為了超越其他人，我必須改變自己擁有的條件，唯有改變輸入值，才能讓結果值隨之變化。

喚醒自己內在沉睡的運氣需要兩種努力，第一是不斷嘗試。想中樂透，首先就得持續購買樂透彩券，總得先選了號碼，才能測試自己的運氣。所以我不管是參加公開徵集大賽還是出書，都是在不斷持續地挑戰。第二是在有把握會贏的地方使用運氣，才能把努力化為好運成為己有，像是還沒學過圍棋卻去挑戰圍棋九段的李昌鎬（韓國天才棋手，個人賽獲獎無數，韓國圍棋第二代掌門人），就算他再想輸也輸不了，選錯領域挑戰等於自己把運氣一腳踢開。

　　勝券在握才能行動，而不是孤注一擲把結果交給運氣決定，創造有利於自己的局面，就是將好運化為己有的過程，可惜的是，大部分的人抱怨運氣不好，卻沒有方法或意願去爭取幸運女神的青睞，成功率自然遠不如賭硬幣正反面。

運氣為何總是落在對自己狠一點的人身上？

　　若要說世間有哪個舞台競爭最為殘酷，非四年一次的奧運莫屬，為了讓自己站上頒獎台最高的位置，世界上最優秀的選手們在四年間窮盡力氣準備，對運動員來說，拿到奧運獎牌的機會不多，為了不在比賽後感到悔恨，每位選手無不付出莫大的努力訓練自己。我曾經訪問過一位選手，他努力的程度連老天都會為他動容，他是在 2008 年北京奧運柔道 60 公斤級比賽中勇奪金牌的崔敏浩。在 2004 年雅典奧運獲得銅牌後，他決定把目標設定在下一屆的奧運金牌，而他是如何堅忍不拔的支撐自己度過這四年的辛苦訓練呢？以下是他的回答：

　　「我的心靈支柱是我的母親，她經常說『一定要忍耐，努力再努力』。我認為這是我該做的，所以進行了許多連國家代表選手也會感到害怕的高強度訓練，唯有如此才能

拿到金牌，所以給自己極大的壓力。雖然大家會認為訓練後需要讓身體休息，我卻馬不停蹄地逼自己訓練。

我告訴自己『不能休息！即使是短暫的空檔也要做幾下伏地挺身，去廁所的時候要用青蛙跳跳過去，上大號前要做 100 個下肢運動，吃飯時握力器不離手。訓練時要比其他選手早半小時到、晚半小時走，即使是睡覺，也要在凌晨三點半起床做 100 下伏地挺身。』

走上柔道這條不歸路，每天都像站在懸崖邊一樣，我抱著『不努力就完蛋』的想法拼命鍛鍊自己，休息只會讓我感到焦躁。現在回想起來，那時我已經半瘋狂了，雖然十分辛苦，但是透過這樣的努力，我才能保持第一。

如果沒達到既定的目標，就會折磨自己，這點就連我自己也覺得太狠了，身體都累到快四分五裂了，但理智不允許自己休息。我會在晚上十一點做一小時的夜間運動，後來有選手學我在半夜十二點運動。當我運動完回宿舍時，看到那個運動員在體育館，於是我又哭著逼自己跑去運動。就算在高強度運動下，身體已經動彈不得，我還是會逼問

自己『你這樣就想走了嗎？』然後對自己越來越狠。不狠，我絕對撐不下去。有時候真的太累了，我就會打電話跟母親哭著訴苦，哭完又繼續堅持下去。到最後我只剩下一個念頭 —— 抓住希望，堅持下去。」

從管理身體狀態的角度來看，崔敏浩選手做得可能並不好，但這段時間所累積的努力並沒有白費。他為了強化肌力，在從地面把槓鈴拉到膝蓋的拉舉動作上，創下拉舉 230 公斤的成績。90 公斤級的柔道選手拉舉 250 公斤，但 60 公斤級的崔敏浩卻能拉舉 230 公斤，相當於自己體重的 3.8 倍，這樣的肌力不亞於同等級的舉重選手。

而他一點一滴累積下來的努力，讓他在 60 公斤級的比賽中創造出壓倒性的力量差距，並且以這股力量和技巧為基礎，在北京奧運一路打到決賽，僅用七分四十秒，就以五連勝的成績奪下金牌！他的洪荒之力源自於令人難以置信的努力和毅力。雖然所有參加奧運的選手都在激烈地努力，但在這人數不多的群體，每個人付出的程度還是有所不同，我聽過他的故事後感歎地想，或許汗流得越多的選手，汗水之中泛著金光，讓我不禁捫心自問，我們努力的汗水又是什麼顏色？

在高度競爭中，得到好運的 3 種方法

　　為什麼我們期待得到好運？因為人人都希望成功，卻偏偏名額有限，得經過激烈的競爭才能跨過門檻。十多歲時是升學考試的競爭，二十多歲時是求職就業的競爭，就業後是出人頭地的競爭。這些都是在成長過程中無法逃避的競爭，競爭無處不在，所以就算不甘願，也得學習如何取勝。我曾經採訪過許多指考滿分學生，從他們身上看到了面對競爭時自我調適的方法。

　　面臨入學考的考生一定有莫大的不安感，旁觀者勸他們「不要有壓力」是毫無幫助的。指考滿分者如何克服心理壓力，在激烈的競爭中大獲全勝？從他們所提供的各種方法中，我總結出三種最令我感同身受的方法：

　　第一，不要與他人競爭，而是與自己競爭。就讀於首爾

大學人文學院的指考滿分者分享：「與其和他人競爭，不如以自己每次的具體分數作為目標，我更喜歡這種穩定的成就感」。因為第一志願的名額有限，成績必須進入前幾名才有機會達成目標，在此前提下，大家眼裡常只看到自己與競爭對手的排名。但若能把焦點放在自身的成長，不僅能避免因為排名變動而患得患失的情緒，還能確實追蹤自己進步的幅度，這樣的心態有助於在競爭中獲得最後勝利。

第二，讓自己在競爭中保持領先優勢。就讀於首爾大學經濟系的指考滿分者坦言：「我們學校每個月都會模擬考，成績出來後把前二十名的榜單貼在牆壁上，學生們的成績一目瞭然。很多同學看了榜單以後都很在意，但我反而很喜歡這樣的作法，對我來說，在競爭的環境中消除不安感最好的方法，就是看到自己一路領先別人，會讓我更想保持第一名的位置。」雖然保持在領先群並不容易做到，但的確是消除擔憂的好方法。

第三，不留遺憾。就讀於首爾大學醫學院的指考滿分者，曾告訴我他在重考時最後悔的事：

「重考時最令我痛苦的事，就是腦中常常想著『如果去年暑假我有多用功一點，會不會有不一樣的結果？』，這個想法一直困擾著我。所以我建議考生把握能夠努力的時間，不要在幾年後回想起學生時期『早知道我那時應該多用功一點』，不能實現目標沒關係，但至少不要留下遺憾。

　　我在準備重考時的精神狀況真的很差，但這不會成為影響我學習表現的藉口，我告訴自己，心情不好和當天不讀書完全是兩回事，不管我的心理狀態如何，我都得做完當天該做的事情。」

　　不讓自己的情緒成為絆腳石，把握每分每秒可以唸書的時間，因為他曾經後悔過，知道只有持續努力，未來才不會再次留下遺憾。

　　如果你正處於激烈的競爭當中而感到身心俱疲，希望能在上述三種方法之中，找到支持你繼續努力下去的力量。儘管在競爭中身心俱疲，也不要停下腳步。「不管有多累，都還不到放棄的時刻」，每當身心俱疲時，我都會告訴自己：「只要繼續堅持下去，時間跟運氣一定會站在我這邊！」

太早或太晚？好運降臨的時機點

　　我曾有幸跟 VIP 資產管理公司代表理事、有「韓國巴菲特」之稱的崔準哲聊天。在他的專業領域中，所有事物都是以數字作為評斷標準，所以我很好奇他如何看待「運氣」。以下是他的回答：

　　「我們什麼時候會說自己運氣好？如果凡事按照我的計畫一切順利進行，結果自然可以預測。但如果是因為不在我計畫內的偶發事件，而帶來超乎預期的大好結果時，我就會說那是運氣好。

　　就以電腦遊戲開發公司納克森（Nexon）創始人金正宙代表來說吧。1994 年他在韓國這塊電腦遊戲地不毛之地成立了一家遊戲公司，兩年後他推出了一款名為《風之國度》（The Kingdom of the Winds）的電玩遊戲。那時網

際網路尚未普及，所以對於他開發大型多人線上角色扮演遊戲（MMORPG）的做法，我一點也無法理解，只覺得『為什麼要為這種冒險的事情豁出自己的人生？』。然而，這款遊戲上市兩年後，韓國國內遍地都是網咖，這款遊戲開始爆紅。我事後詢問金正宙代表『您在開發遊戲時，已經預料到未來會有這種情況嗎？』他說：『完全沒想到！』。

但他設計《風之國度》顯然是有原因的，他發現了兩個機會：『大家一起玩遊戲不是更有意思嗎？』以及『韓國可以輸出的產品之一，不就是原創內容嗎？』。因為看到了這樣的機會，他制定計畫、創辦遊戲公司、推出了《風之國度》，這都是他所做的努力。只有一件偶發事件，讓他得到了比預期更大的成功，那就是網咖風潮，這是在他計畫之外的好運。當然，就算沒有網咖風潮這樣的運氣，我相信他也會成功，但不可否認的是，這好運大幅提高了他成功的結果值。

我自己也有類似的經歷，如果我在 1980 年代就進入股票投資領域的話，我還能靠價值投資賺錢嗎？我不這麼認為。我正式開始投資股票恰好是在韓國經歷金融危機之後，

那時多得是便宜的股票，很適合初學者試水溫。幸虧如此，才讓我獲得了超出實力以上的成果，我認為當時的自己可說是鴻運當頭。

如果我在 2007 年才成立資產管理公司的話，大概沒多久就會倒閉。因為在還沒為公司打好穩固基礎的情況下就碰上 2008 年的金融危機，勢必難以正面迎戰，幸好我們公司成立得早，在金融危機時已經累積了足夠力量，才能有驚無險地度過危機。實際上，2007 年開業、2008 年倒閉的資產管理公司相當多，但是沒過多久股市又再度開始狂飆，在這種情況下，那些關閉公司的創辦人大概更容易產生雙重的遺憾。

其實我以前也不相信運氣，認為靠自己努力就可以創造一切。但隨著年齡增長，累積更多經驗，又看到周圍人們的各種例子，才發現並非如此。譬如，經過長時間的努力開發了十分美味的新食譜，便開了一家炸雞店，沒想到開店那年正好爆發禽流感，很無奈的狀況，因為這不是有沒有實力的問題，而是運氣好壞的問題。

但我還想強調，如果一開始看似沒什麼運氣也不要氣餒，還是要堅持下去。就算需要花多一點時間，仍有機會獲得某種程度的成功。看看實際成功的人，他們就像印地安人舉辦祈雨祭一樣，祈雨儀式會一直舉辦到下雨為止，因為他們抱著『有志者事竟成』的精神，所以最後一定會成功。總而言之，戰勝運氣的方法只有一個，那就是不管運氣好壞，都要一做再做，直到成功。」

如何抓住爆紅的好運

　　有時我們會看到周圍朋友突然功成名就，不到一年的時間人生就完全改變，然而若深入觀察，就會發現他們的際遇無法用「一飛沖天」簡單四個字來總結成功的真相。最近我就親眼見證了這樣的故事，他是深受許多個人投資者喜愛，暱稱「嚴可愛」的 eBEST 投資證券理事廉昇桓。

　　在 2020 年 7 月以前，廉昇桓理事只是個平凡的上班族。2020 年 8 月 3 日，他首次受邀出現在「3ProTV」[7] 上，2020 年 9 月 21 日受邀出現在「金作家 TV」。此後，我每個月會

---

7. 韓國 YouTube 財經領域排名第一的頻道，訂閱人數高達 200 萬人。目前三位創作者合作成立 E-Broadcasting 股份有限公司，開發手機應用程式，可以不藉由 YouTube 平台直接觀覽「3ProTV」影片或直播節目。

見到他一次，每次見面他都變得更有名，到最後所有韓國的投資人都知道他的名字。他在公司裡也平步青雲，從 2020 年 8 月至今才不過一年的時間，就從次長晉升為部長、再晉升為理事。我好奇像他經歷如此特殊的人，對於運氣作何感想：

「我覺得運氣就是『準備』。有些人突然走紅，旁人可能會覺得『那個人真走運！』，但仔細觀察，會發現這些人早已做好準備。拿足球選手孫興慜（韓國國家足球隊隊長）為例，我很驚訝竟然會有人認為『他不過就是運氣好罷了！』。我看過孫興慜選手的紀錄片，他父親訓練的方式以嚴酷出名，而他憑著每天堅持不懈的努力，讓自己打下堅實的基礎。為了讓足球和自己融為一體，他每天不間斷挑球好幾個小時，肩膀挑球、大腿挑球、腳背挑球，這段時間都不讓球落地，這樣訓練幾個小時後才能用腳踢球，天天累積下來的訓練會有什麼結果？只要球一到他身邊，他就能讓球貼身運轉自如。

當然，孫興慜選手也曾經說過自己運氣很好。他小的時候，德國甲級足球聯賽會邀請年幼的選手共襄盛舉，大

會工作人員便帶他去參加大會。或許會有人說他是運氣好才被選上，但這種運氣不會降臨在沒做好準備的人身上。就算同樣因為運氣好被選上，旁觀者會對做好準備的人說：『看，這人表現不錯！』；沒做好準備的人，則會被人批評：『這什麼三流選手啊？』。如果覺得日復一日的訓練太辛苦就不練習，等於自己把運氣拒於門外。要抓住運氣不需要做特別的準備，只需要每天堅持不懈的訓練。

　　我也算是運氣很好的人。我第一次出書是在 2021 年 1 月，那時正好碰上股市飆漲，指數創下歷史新高，書跟著大賣，這的確是運氣好。但如果我之前沒有在電視上講解股市，就算出書也沒人知道，或許只賣幾本就會被其他新書給淹沒，事實上當月很多股市投資新書都賣不出去。我以前不知道每天持之以恆地做一件事情有多重要，只是想著這是自己該做的事情，所以不假思索地每天都做，結果每天反覆做著的事情疊加起來，回報給我的就是運氣。好運似乎也是一種『時機』，任何人只要做好準備，總有一天好運會降臨，只差在時機快慢罷了，只要做好準備，總有掌握住好運的一天。

說得更具體一點，我認為要做好下列四點準備才能掌握運氣：

　　第一、持之以恆。雖然是老生常談，但平日一點一滴累積出來的實力，不是臨時抱佛腳能相比的。我每天早上都要做股市簡報，證券公司的報告太多，幾乎沒有人能把所有報告看完並且做出總結，就算用更多時間加班準備，沒有經過足夠的訓練也做不出來。但我已經做了十年的簡報，準備這些內容對我來說很簡單，只需要花點時間。如果沒有過去十年持之以恆的準備，我大概也不可能升到現在的職位。

　　第二、適應時代的變化。我認為股票市場的變化造就了我的存在。現在的人如果要研究投資，都會先在網路上蒐集資料，導致證券公司無法用以前的方法吸引新客戶，必須拍 YouTube 影片來增加公司曝光，我剛好很適合做這樣的事。有些人口才比我好，但是站在攝影機前面就緊張，無法發揮實力，而我因為常上電視，所以在鏡頭前說話就和平常一樣，因為平時就累積不少拍攝的經驗，所以很快就能適應環境的變化。

第三、謙虛。我發現很多人喜歡我的原因之一，是因為我謙虛。前陣子我們公司來了一位常董，他一開始因為我的知名度以為我是個驕傲的人，但他向不少職員打聽我的為人：『廉昇桓理事人怎樣？』問過一輪後竟然沒有一個人說我驕傲自滿。他告訴我，大家都認為我『做事腳踏實地，謙虛又有禮貌』。

雖然自己說出來很不好意思，但謙虛是我的習慣。最近周圍常有人跟我說『老廉，你紅啦！現在走路有風囉！』，但我不管與誰見面，無論對方是所謂的『成功人士』還是默默無名的普通人，我都不會表現出自滿驕傲，因為這個社會能夠順利運轉，是靠著每個人在各自崗位上努力，所以我認為每個人都值得誠懇地對待，我習慣謙虛地對待每個人，最後謙虛也給了我回報。

『3ProTV』的金東煥所長會邀請我主持節目，可能也是基於這個理由。我從事有線電視節目工作已有十年之久，和編劇們也很熟，即使他們提出像『代打』之類稍微麻煩的要求，我也幾乎都會答應。後來才知道，一開始想邀請我上節目的不是金東煥所長，而是『3ProTV』的編劇，他

曾經和我合作過，當時恰逢『3ProTV』改版，因為這位編劇的推薦才連繫我，在我通過金東煥所長的試鏡後，得到合作的機會。因此從某種角度上來看，我認為是勤奮和謙虛的工作態度造就了我的運氣。

　　第四、獨家武器。金東煥所長把晨間節目交給了我，讓我自己看著辦，我必須靠自己做好準備，如果我沒有自己的特色，好機會就會被別人奪走。股票投資人最喜歡聽到新的情報，所以我每晚把所有證券公司的報告都看完，第二天早上作出資訊整理與總結。對於已經如此做了十年的我來說，這是我最擅長的武器，過了一個禮拜，金東煥所長就對我說：『太棒了，您繼續保持！』。

　　但我在 2020 年 8 月份剛開始主持股市晨報節目的時候，正逢回檔期，股市行情並不好，假如我失敗了的話，我大概會用『運氣不好』或『3ProTV 不太適合我』這類的話來安慰自己，想著『如果股市行情好就能成功』，但失敗就是失敗，安慰自己並無助於事，從另一個角度來看，如果當時我一點準備都沒有，就算股市行情再好，就算『3ProTV』仍找我合作，我也很難把上門的好運化為己有。

金東煥所長也提到過這件事，他說『3ProTV』邀請過很多專家主持節目，但不管做了多少鋪墊，不行的人還是不行。那些人雖然有得到機會的好運，但自己本身能力不行。我總認為好運常常在我們身邊打轉，但是如果在好運降臨時卻沒做好準備，好運自然會去別的地方。對我來說，上『3ProTV』主持節目就是一個突如其來的好運，但也因為我已經做好萬全準備，才抓得住這個機會。」

　　廉昇桓理事的故事，說明了「做好準備的人，才能抓住運氣改變人生」。事實上，「3ProTV」並不是他主持的第一個節目，過去他雖然在有線電視上主持類似節目有十年之久，但收視率一直都不高，也沒人賞識，但他憑著個人的勤奮和謙虛，努力不懈地做好自己的工作，最後，他所做的一切準備，讓他得以掌握住突然造訪的幸運。

　　更何況他所擁有的武器不只有如此，因為長期在業務組工作，累積面對客戶的經驗，他知道如何以最簡單易懂的方式解說股市資訊給投資者，這就是他的另一項利器。理解並懂得如何撫慰投資者的情緒，是他長期積累打造出的與眾不同的優勢，也正因如此，對許多人是厄運的疫情，卻成為他職業生涯幸運的開始。

第五章

覆盤

讓自己越來越強的「覆盤習慣」

生活過於忙碌時，

常常一天糊裡糊塗就過去了，

更別說好好審視自己如何度過今天，

即便好運造訪也渾然未知，

長此以往，如何能掌握改變人生的幸運？

想改變日復一日的生活，

先從回顧今天開始，

為迎接好運做好準備！

建立工作與生活的覆盤習慣

　　小時候的寒暑假作業裡，一定有寫日記這個項目，放假時懶得寫，都拖到開學前一刻才開始抱佛腳。雖然每個人都有寫日記的經驗，長大以後卻很少人繼續，我也不例外。但現在想想，如果我每天在日記上寫下當天做得不好的事，只要一件就好，從隔天開始努力不再犯同樣的錯誤，我會成為怎樣的人呢？一定比現在的我更好吧。

　　世上最擅長避免重蹈覆轍的專家，非圍棋棋手莫屬。圍棋中有一種名為「覆盤」的文化，是在對弈結束後，將對弈過程中的所有落子按順序重複擺一次，以便分析棋局，勝者和敗者會認真地討論「這時怎麼下比較好，哪個落子是敗招」等問題，如果有落子不當，下次就避免再犯同樣的錯誤。因此，覆盤是提升圍棋實力不可或缺的過程。在人生中，如果也想避免重蹈覆轍，自然也需要覆盤，以下是我在生活中貫徹的三種覆盤習慣：

第一，作為作家，我會進行兩次覆盤。看著自己寫的原稿和出版社編輯修潤後的稿子，我會判斷哪篇更好，如果有更好的寫法，思考該如何在下一次使用同樣的寫法。等到書出版之後，我會重讀一遍，確認是否有句子應該增刪。

第二，作為講師，我會錄下每次的上課內容。回去以後從錄音中聽著觀眾的反應，思考哪些部分下次要多說一點，有沒有哪些細節講錯等等。

第三，作為 YouTube 頻道主，我在剪輯影片時可以重新回顧錄影的種種細節。看到自己在錄影時因為緊張而沒能察覺的來賓表情和心情，思考下次可以如何改進：「在這個時間點上我打斷來賓的發言，來賓不太高興啊！」、「在這個時間點上應該讓來賓多說點話才對啊！」。我還會找出暴露自己缺點的片段，剪掉這些段落後重新編輯。

神奇的是，在我一次次剪輯影片的同時，也感覺到在生活中的缺點被自然而然地重新剪輯，那時才親身領悟到，我們總是習慣用第一人稱來看待世界。因為是用自己的眼睛看、自己的嘴巴說、自己的耳朵聽，所以判斷與決定都會主

觀的從自己的立場思考。但是當我的一言一行被影片記錄下來後，就能站在第三者的角度上客觀地回顧每一刻。雖然無法重回當時，修正錯誤，但在反覆修剪影片中的缺點後，也會一點一點地改掉這些缺點，讓我在日常生活中，和任何人都能進行更順暢的對話。

在人生中，覆盤的核心就是用客觀的角度看待自己。如果能掙脫第一人稱的束縛，用第三人稱客觀地觀察，並找出自己的失誤或缺點的話，下一局的表現一定會更出色。

有部讓我印象深刻的電影，其中一幕是丈夫因為妻子被誣陷為殺人犯，於是向律師好友求助：「你也知道，她那麼善良，不可能會做出那樣的事情」。但是律師好友卻回答：「我也不認為她會犯下那樣的罪行，但拜託你看看證據！現在所有的證據都指向你的妻子就是犯人。你最好忘掉她是你妻子，冷靜地判斷。」看到這一幕我有茅塞頓開的感覺，我們所犯下的無數誤謬，都是因為被困在第一人稱的視角中，當我們能理性客觀地看待自己的情況時，才不至於重蹈覆轍。

如果自己做過的事，能像考試成績一樣有具體分數來評

估成果，是最理想的覆盤方式。可惜現實生活中的反饋大多很模糊，像是「做得不錯！」、「這部分好像還不錯！」聽在不同人的耳中有不同的感受。自信爆棚的人，聽了這些話會自我膨脹；但若是沒自信的人，聽了反而會因為語氣模糊認為是客套話。實際的結果值往往是介於兩者之間，只是模糊的反饋很難讓人做出客觀判斷。

幸運的是，YouTube 影片的反饋精確多了。我製作過的影片超過 1,200 支，點擊率、點閱次數、收看時間都是精確的數值，不會有模擬兩可的空間，讓我可以用客觀角度審視影片成果。當然，如何解讀、評估數字代表的意義，每個人的標準都不同，就算看到相同數字，有的人會下定決心要更加努力，有的人則會安慰自己做得不錯。無論如何，數據提供客觀的標準，讓我們掌握住自己現在的位置，知道跟目標的具體差距後，下次會更盡心盡力製作影片。

生活中的覆盤也需要具體的數字，如果現實環境很難找到，就應該制定其他客觀的評價指標來審視自己。當我們得以從第一人稱的束縛中解放出來，才能成為每天確實緩步成長的人。

化酸民的「螃蟹心態」為運氣

　　我在學校的成績很差，差到什麼程度呢？高中三年的成績單上，連一個「優」也找不到。這樣的成績進了大學也沒有改變，在課業外也沒有培養出擅長的技能。我在二十六歲時，多益只考了 420 分，證照也只有一張駕照，獲獎經歷只有小學、中學時的全勤獎，學生時代也沒有擔任過班長、副班長之類的股長。即便是這樣平凡的我，到二十六歲時也覺得自己該有所作為，不是出於什麼了不起的原因，只是覺得再不做就來不及了。

　　然而，每當我想要挑戰些什麼，就會有人跳出來說：「你做不到啦！」。我第一次要挑戰公開徵集時，有人說：「你一點經驗都沒有，公開徵集比賽的大獎有那麼好拿嗎？」。我要應徵外資企業時，有人說：「你英文那麼爛，進不了外資企業！」。我想出書時，有人說：「你年紀輕輕的，資歷

又淺，哪家出版社願意幫你出書？」。當我為了改變韓國只重視學歷的扭曲價值觀，而想面見教育部和勞動部長時，有人說：「你當那些高官們都閒閒沒事做嗎？他們忙得要死哪有空理你？」。

當時不免感到世態炎涼，不明白自己只是想挑戰一些事情，為什麼周遭的人全都唱衰我？朋友不是該說些鼓勵的話嗎？但五年後，再也沒有人會對我說「你做不到啦！」，因為我已經實現自己說過的每一件事：參加公開徵集活動獲獎、任職於外資企業、出書、會見教育部和勞動部長。現在周圍的人對我的一致看法轉變為「只要有目標就一定會努力實現的人！」。因為我言出必行、行則必果，就算熬夜、揮汗如雨，都會對自己說過的話負責。隨著行動化為一個個成果累積下來，才讓他人漸漸改變對我的看法。

就因為以前常聽到別人說「你做不到！」，讓我不禁思考「別人為什麼會這麼說？是不是想妨礙我往上爬？」。心理學也有所謂「螃蟹心態」（Crab Mentality）一詞，源自於螃蟹被抓了放在鐵桶後，為了不讓同伴逃走而相互拉扯的現象。人也是一樣，如果身邊有同伴突然想往上爬，其他人就

會用各種言詞試圖挫敗同伴的挑戰。

或許有些人是抱著「螃蟹心態」說風涼話，但隨著我十年來付出努力後，開始有不一樣的看法。這些人不看好我的原因還是出在自己身上，因為這句話其實就是映照在「他人」這面鏡子中的我。總是表現出一事無成的樣子，自然會被別人否定，一個信口開河、光說不做的人，能完成什麼事？但在我努力改變，創造出成果後，曾經一再否定我的世界也開始為我加油，挑戰任何事更容易水到渠成，這些鼓勵會開始轉化為我的運氣。

領悟到這點之後，我對他人的埋怨也消失了，反而對新的挑戰產生更大的自信。當你想挑戰一件事情時，如果有人說「你做不到」，是否該反省自己是不是個信口開河、光說不做的人？不管是「你做不到啦！」還是「你一定做得到！」背後的原因都出在自己身上。鼓起勇氣把別人的評價當成一面鏡子，誠實面對鏡中的自己。

回想一下，自己曾經許下的承諾「今年一定要減重！」、「每天都要學習英語！」等等目標，其中做到多少？如果無

法說到做到，說出來的話自然會失去力量。在抱怨別人的酸言酸語之前，先問問周遭的朋友，你立下的目標只是隨口說說，還是富有行動力的一句話？

找出別人否定我的理由

✏ 寫出自己的目標，以及別人說我做不到的理由。
　※ 只要解決了人們否定的理由，自然有辦法完成目標。

排序	目標	別人否定我的理由
1		① ② ③
2		① ② ③
3		① ② ③

說話也能召喚好運？

　　我們隨口而出的每句話，都隱藏著影響運勢的小小力量。這些影響雖小，每天累積下來的力量超乎想像得大。更何況成了口頭禪的說話習慣，想改也改不掉，對未來影響深遠。我認為說話習慣也能招來好運，以下逐一介紹給讀者：

　　第一，肯定的言辭：給予他人的正能量，一定會回報到自己身上來，如果我鼓勵他人，會有人對我吐口水嗎？讓對方感到愉快的笑容和反應，以及鼓勵對方的肯定言辭，都是不足掛齒的舉手之勞。但是這些微小、平時不怎麼看得到的運氣，在重要的時刻會發揮莫大的力量。隨著每天實踐、養成習慣後，與人見面聊天的同時，等於在累積運氣的紅利點數。不管是正能量還是負能量，只要是我撒出去的，總有一天會回饋到自己身上。所以我會審視自己平時的說話習慣，努力做到不用言語傷害他人。

第二，謙虛的言辭：平常喜歡炫耀自己功勞，運氣造訪時就會減半。有些成就，不需要自己開口也能得到他人認同，過度誇耀反而會把好運趕跑。我們以為自己不說，就不會得到他人認同，但事情做得好，明眼人都看在眼中，只需靜待他人認同就好。稱讚別人也一樣，比起當面大聲稱讚，背後誇獎能發揮更大的力量。因為當面稱讚容易被當成是籠絡或奉承，但背後誇讚他人的言詞，當事者間接聽到時反而會認為是真心話。不管是好話還是壞話，私底下說的話都會隨著時間浮出水面，世上不存在「不可以告訴別人喔！」的秘密。

第三，用心傾聽：在溝通中聽比說更重要。譬如，一位總經理認真傾聽並回應職員在會議上的發言，必然會進一步提高這名職員的信心以及對職場的滿意度。光是員工感覺「總經理在認真聽取我的意見」就能帶來大大的激勵效果，如果這位總經理經常對員工這樣做，無形之中就在累積運氣。曾有位人脈很廣的企業家告訴我，無論溝通的內容是大是小，最重要的是把對方的話放在心上。

「我認為大企業董事長們，應該已經完成所有自己想做的事，不可能有我可以為他們做的事情。但是有天我與

一位董事長喝茶聊天時，他隨口說出很想上某個電視節目，我把這句話放在心中，剛好我認識電視台的朋友，就幫忙牽個線。那位董事長非常感謝我，給予許多對當時的我而言相當重要的協助。所以不管是多麼微不足道的話，都不要隨便聽聽就算了，才有機會吸引好運。」

在這個過程最重要的就是自然而為。「我今天請你吃飯，明天換你請吃飯！」如果凡事都斤斤計較，就無法吸引運氣。只有在沒有期待回報就先付出，又滿足對方的需求時，這些言行才能一點一滴累積成信賴。

第四，不該說的話不要說：颱風來時，不要和颱風正面硬拚，比起在風雨中苦苦硬撐的松樹，我們更需要懂得彎腰的小草智慧。風暴來臨時，彎腰蹲下比挺身面對更輕鬆省力。然而在衝突當下，許多人無法控制情緒，非要一吐為快，結果連原來的問題都還沒解決，還因為口快引發更多問題，反而讓自己成為眾矢之的。我曾有幾次犯下同樣的錯誤，為我帶來不少困擾。久而久之遇到這種情況，我會反問自己「有必要非得把事情鬧大嗎？」讓自己冷靜下來。生活中遇到困擾自己的事情時，不一定要反擊對方，能避就避，不該說的

話只會讓已經到來的厄運變得更糟糕。

　　你留意過自己的說話習慣嗎？其中大概有好有壞吧。如果能改掉說話時的壞習慣，往更好的方向調整，你的運氣一定會隨之變好，或許還能阻止突如其來的厄運降臨。

學運氣的 3 個悖論

在寫這本書的過程中，因為從不同角度來思考運氣，讓我有一些新的領悟，我將這些領悟歸納成以下三點：

第一，魯蛇別說自己很幸運：一個高中畢業、領最低工資、做自己不喜歡的工作、不知道未來展望的人，可以說自己很幸運沒上大學嗎？想說出「我很幸運！」這句話，學歷不高不是問題，但也得先取得成功才行。

在奧運獲得獎牌的選手有資格說：「我非常認真做好了準備，不過在這次比賽中運氣確實也很好。」但連決賽都進不了的選手也能說「我很幸運沒能進入奧運決賽」嗎？所以「運氣好壞」的論述，其實背後代表的是「成功與否」，要評斷一個人的「運氣」，必然會受到成果的影響。「我運氣好沒有成功」這句話從一開始就不成立，因為現實社會限定

了只有成功的人才有資格說「我很幸運」，我由衷祝福每位讀者都能在各自的領域取得成功。成功的人才有資格談論運氣，這是我領悟到關於運氣的第一個悖論。

第二，在實力還不夠的初期，成功多半是源自於好運。擁有數百億資產的超級散戶稅務師李正潤曾經對我講述過自己的親身經歷：

「在剛開始炒股的時期，運氣對結果的影響似乎特別大。只要能選到一支好股，就能以小錢賺大錢，怎麼能說選股不靠運氣呢？我曾經在十支股票中好不容易選出一支投資，那支股票一路漲停，連漲五天。但選擇那支股票，靠得多半還是運氣，我當時的實力看不出那支股票比其他股票更好的原因。我認為自己之所以有今天的成功，是在看到一連上漲兩三倍後也沒有自以為厲害，股票上漲反而讓我相信只要認真，連好運也會站在我這邊，所以我比之前付出更多的努力學習與達成目標。

事實上，我現在的人生已經沒有多少空隙讓幸運進來，因為在某種程度上我已經願望成真，在這個階段，實力比

運氣更重要。所以我認為，運氣在初創期，會發揮更大的影響力，隨著每次取得小規模的成功，不可控的運氣比例會逐漸降低，而能掌控的實力佔比隨之增加，這時最重要的反而是做好風險控管，不讓厄運趁虛而入。」

其他超級散戶們也說過類似的話，很多人一開始都是看著報紙上的股市行情表盲目選股，但超級散戶與其他人唯一不同之處，就是他們都承認自己運氣很好，所以更用心研究股票，有人花兩年埋頭學習，這段期間完全不見外人。有人研究到凌晨四點，不僅把上市的二千支股票全都看過一次，還做了企業分析。

當運氣造訪時，他們沒有將好運誤認為是自己的實力，反而更努力將這份運氣轉化為實力，只有承認初期的順遂是來自運氣，才能認清現況，逐步培養自己的實力從而走向真正的成功。

第三，相信「運氣好」才能成功。以下是一位功成名就的大企業家曾經說過的話，這一番話也改變了我的想法。

「有些人認為成功人士自稱運氣好是客氣話，認為那是能力非凡的人在假謙虛。但凡成功的人都知道，有時候真的是因為運氣好才有機會成功，當有人說出『運氣好』這句話，我會認為對方是真正有資格成功的人，因為我知道，如果沒有好運幫忙，光靠自己不可能大有作為。

　　應該沒有人會認為，靠自己一個人單打獨鬥就能成功吧。如果有人說只靠著自己一個人努力，就能得到自己擁有的一切事物，這個人若不是騙子就是還沒成功的人。我的經驗告訴我，越成功的人越會歸功於運氣。

　　舉例來說，當一個人必須在兩個項目中選擇其一時，苦思之後他選擇了Ａ，結果成功賺了大錢。但他心裡知道，萬一當初自己選擇Ｂ，就可能一敗塗地。我認為同樣的運氣也存在於藝術、運動等所有領域，不管是要唸哪所大學、向哪個人學習等大大小小的選擇，都有運氣的成分存在。成功的人都會這樣想 ——『當初我如果做了不同的選擇，就不會有現在這樣成功的一天吧！』所以我認為，只要是成功人士，一定都相信運氣的力量。」

越成功的人越相信運氣，越失敗的人越不相信運氣，希望你也能夠記住這個悖論。只有認同運氣的人，才能好好地活用運氣創造成功。

禍福總是相倚

　　我們在生活中免不了會有犯錯、並需要道歉的時刻，受到大眾關注的企業家、政治家、藝人、網紅的生活中，更是常有的事情，當這些公眾人物犯錯激起公憤時，他們會低頭公開道歉，但道歉後真正得到原諒的卻不多。

　　我喜歡的一位時尚 YouTuber 常上傳自己製作衣服的影片，他一面思考布料材質、針腳數、尺寸等等，一面縫製出精緻衣服的模樣感動了許多觀眾。他製作的衣服中，有一件受到不少觀眾喜愛，許多粉絲訂購支持，後來卻發現那件衣服是仿製品，便有其他人發布影片攻擊這位時尚 YouTuber，他的頻道裡也充斥著惡意留言。雖然他後來拍攝了道歉影片，但內容卻充滿了藉口與辯解。我看著這段影片，猜測他不久後又得發布另一段道歉影片吧。果真他又兩度發布新的道歉影片，這段期間針對他的輿論變得越來越不友善，最後只能關閉留言功能。

他在影片中一再否認和辯解，錯過了真正的道歉時機，被逼到最後關頭才做出的道歉，不禁令人質疑其中含有多少真心。結果，他暫停更新三個月後才重新復出，但已很難再找回往昔的人氣了。

我看著那段影片，不禁惋惜他為什麼沒能好好道歉。根據危機管理專家的說法，一個人在遇到危機狀況時，會因為恐懼而無法主動承擔自己的錯誤，才會發表充滿辯解的道歉文，結果反而製造一個新的危機，這就是所謂「危機管理的危機」。而我深深贊同「危機管理專家能夠管理其他人的危機，是因為那不是自己的危機」這個看法。

沒想到有朝一日，我也有為了錯誤而道歉的一天，這個事件發生在我執筆此書的期間。當時我和一位來賓在影片中談論生技股的股票，我們看著一間生技公司的財報時，不小心把該生技公司的簡稱說錯，講成該企業子公司的簡稱，導致觀眾有可能會受到誤導而買錯股票。

因為牽涉到投資，問題的嚴重性超乎我想像，這支影片被上傳到該公司的股東交流網站上，網站中也出現了不好的

回覆。其他 YouTube 頻道出現攻擊我的影片，而這支影片下方也多了一千多條惡意留言。

這時，我切身感受到危機管理專家所說的恐懼，而這一切都發生在短短一天內，讓我感到更害怕。這是我有生以來，首次被一千多人這樣單方面地辱罵，在我急得跳腳，不知道該如何是好的時候，腦中也不斷湧現各種雜念。

「我已經上傳了 1,200 支影片，只有 1 支失誤而已，人們是不是太過分了？」

「這段影片是在週末上傳的，又沒有影響股市！」

「為什麼來賓會犯下這樣的失誤？」

一開始我有辯解的想法，但仔細想想，這不僅是來賓失誤，也是我的失誤，我作為影片企劃者和最終審查者，在錄製過程與剪輯過程中沒能及時糾正錯誤。因此，我所採取的應對措施是刪除該影片中的錯誤片段，以置頂留言方式糾正錯誤情報，再請來賓一同拍攝道歉影片，隔天中午拍完道歉

影片後立刻發布。令我驚訝的是，影片發布一天而已，點閱人數就達到二十萬次，下面還有二千多條善意留言。

「您馬上承認錯誤，並迅速糾正的作法，讓我更加信賴您。」人們反過來鼓勵道歉的我，給予這樣的善意留言。道歉影片沒有任何出奇之處，我只是毫不隱瞞地坦承錯誤，從頭到尾都在說對不起，請觀眾原諒，並嚴正表示以後絕對不會再發生同樣的事情。

這次事件讓我領悟到，只要我坦承錯誤，請求原諒，反而會受到人們的支持。如果當時我在道歉的過程中又為自己辯護，下場會如何呢？是不是可能連這本書都沒法出版？

我們都可能在無意中失誤或犯錯，尤其是在社群媒體無所不在的時代，錯誤很快就會被他人察覺。危機管理的能力很重要，作為事件當事人，會因為恐懼而無法當機立斷，心理上也會承受巨大壓力。即使如此，我們還是必須勇敢承認失誤和過錯，沒有幾個人會向認錯並請求原諒的人不斷扔石頭。危機時刻最重要的不僅是針對事件本身的反省，同時也是考驗我們面對事件的心態。

第六章

正向

在最壞的情況也堅持到底

你知道 Google 搜尋欄有兩個按鈕，

寫著「Google 搜尋」和「好手氣」嗎？

點擊「好手氣」，會直接帶你到第一個搜尋結果的網站。

我由衷希望這本書也能帶給你一樣的體驗。

「我今天似乎很幸運，姑且讀讀這本書好了！」

讓這本書送你到最想去的地方！

放下自卑感和受害者心態

　　我在拍完訪談影片後，通常會邀請來賓一起用餐。有天，我有幸和三位知名的股票投資高手一起吃飯，其中一位是管理巨額資產的資產管理公司代表理事，另一位是投顧公司的代表理事，也是價值投資領域相當知名的高手，最後一位同樣是賺了大錢的專業投資者。

　　我們享用美味菜餚、配幾杯酒、聊著五花八門的話題，從各自的日常生活到 YouTube 無所不談，因為齊聚一堂的都是股市高手，必然會聊到投資，自然地聊起了各自手上或有興趣的股票。但是，這三位都有二十年以上的投資經歷，投資實力相當豐富堅實，而我學習投資短短一年，所以幾乎聽不懂。韓國上市上櫃股票約有 2,400 支，我不可能都認識，當話題集中在某支特定股票的討論時，我就像鴨子聽雷，完全無法理解。

我在邀請投資專家進行訪談前，會做好徹底的準備，並且擬定採訪提問表。再加上訪談主要是一對一的對話，就算來賓是投資高手，也會考慮到作為主持人的我、以及一般觀眾的理解程度，來調整談話內容的難易度，所以訪談並不難。這些專家可能認為，訪談時認識的這位金作家在投資上有一定的功力，所以在吃飯聊天的場合裡，不需要顧慮難易度，什麼都能聊。但我沒辦法對聊天內容做好準備，在訪談所戴上的專業面具此時被剝了下來，讓我感到心力交瘁。這三位投資高手用我聽不懂的術語，講述我不甚理解的企業情報，我就像處在一群外國人之中，什麼都聽不懂，覺得自己像個白癡。

　　就在我正覺得尷尬時，轉念一想，不知有多少散戶渴望能坐在我的位置聆聽這番談話？我的實力還不足以與這些投資高手平起平坐，只是因為我開了 YouTube 理財頻道、訪問了他們、而且訪談順利，才有幸和他們一起用餐，我更該把握今天到來的幸運。

　　想法轉彎以後，我認真傾聽談話內容，觀察投資高手們的共同點，發現他們所投資的股票有重疊之處，即使現

在聽不懂細節，也能記住回家再研究。我將尷尬轉化為未來的目標「今天的談話內容我只能聽懂 30%，下次再有同樣的機會，我要聽懂 50% 才行，所以我要多製造提升自己投資實力的機會」。

於我心中滿滿的自卑感和受害者心態，在此刻消失無蹤，幸運的是，那一刻的尷尬情緒也被我遮掩過去沒被發現。幾個月後，我又有幸與他們同桌吃飯，我發現自己比上一次聽懂更多聊天內容。（至於我仔細研究他們提到的幾支股票，並實際投資獲利的事情，算是附送的紅利。）

仔細回想，年輕時也遇過相同的情境。我二十五歲時，難得與高中好友見面、把酒言歡、天南地北地聊天，不經意提到英文成績。一位就讀於首爾名門大學的朋友，因為到美國留學過，所以多益考了滿分，另一位就讀於地方國立大學的同學，也考了 900 分，那時的我從來沒考過多益。

聽朋友們的英語分數帶給我極大打擊，我一直認為這兩位玩伴和我一樣，至今才發現各自所處的位置已和過往大不相同。說來慚愧，當時我的自卑感和受害者心態非常強烈，

所以從那之後，我有兩年都不敢與他們見面。身為他們的好友，我可以大方請教他們如何學英語、使用什麼教材，藉此增強英文實力，然而每次接到他們的聯繫，我卻用忙碌作為藉口，迴避與他們見面。

事後回想起來，無論是和投資高手們的飯局，還是和好友們的聚會，感受到的尷尬與不自在都相同，但我可以選擇不一樣的心態去面對。過去的我迴避這些感到自卑的場合，現在的我選擇從中學習而有所收穫。

你可能也逃避過這樣的場合，離開的原因也許不是他人的偏見或視線，而是我們的受害者心態與自卑感作祟。從位子上起身的那瞬間，等於放棄你原本有機會學到的知識。如果再次身處可以獲益良多卻讓人感覺難堪的場合，你會做何選擇？

消除自卑感

如果你曾經有嚴重的自卑感，不妨回想一下是在什麼場合、什麼原因。誠實寫出感到自卑的理由，並思考自己能採取什麼行動來消除這種自卑感。

排序	項目	感到自卑的理由	消除自卑感的方法
1			① ② ③
2			① ② ③
3			① ② ③

克服厄運的力量

　　雖然寫了這本關於運氣的書，不過我年輕時的運氣很糟。在我二十到三十歲這段期間，最重要的幾個里程碑像是上大學、就業、結婚，都比別人晚或沒能做到。

　　因為成績不好，我找不到自己能唸的四年制大學，只好就讀二年制的專科學校，退伍後才再度參加指考，進入地方私立大學就讀。就業經歷也是一波三折，我在一年半的時間裡經過三次實習與一次約聘才成為正職員工，當時的我已經三十歲。一路上我曾遇過許多困難，最後總是憑藉著自己的「觀點」和「判斷」來克服危機。

　　我採取的「觀點」是在負面和正面之中，總是選擇正面的觀點；我做出的「判斷」是分辨眼前的難關，是否為自己能力所及的事。這兩個方法讓我克服外貌情結和學歷情結。

但我人生中真正的不幸另有其事，當運氣糟到連正面的觀點也無法發揮力量、也無法判斷自己能做什麼時，該怎麼辦？

我遭遇過的厄運，與家庭有關。我父親曾任職於一間不錯的大公司，但在四十歲時遭到裁員，他無所事事地過了幾年，在家中經濟快撐不下去時才無奈地受雇為計程車司機。為了賺取每個月 200 萬韓元（約台幣 47,000 元）的薪水，父親每天要開車十五個小時。對於父親來說，開計程車不是退休後打發時間的方式，而是一種為了生存不得不做的事。

唯一的手足是哥哥，罹患憂鬱症長達十年，還曾經試圖自殺，不幸中的大幸是他自殺失敗，但全家人親眼目睹這個過程，經歷的痛苦無法用言語形容。母親因哥哥受到病痛折磨，也患上了憂鬱症，最後選擇了以極端方式離開這個世界。我無法承受這一連串的不幸經歷，最後也患上了憂鬱症，每天坐在黑暗的房間裡看著天花板，腦中圍繞著各種負面想法。

根據一項研究，自殺者家屬自殺或患上憂鬱症的機率比一般普通人來得高。匹茲堡大學醫療中心曾對患有憂鬱症等情緒障礙的父母 334 人和他們的子女 700 多人進行調查，結

果顯示在父母有自殺意圖的情況下，其子女企圖自殺的可能性是其他人的五倍。簡而言之，企圖自殺的父母，會成為子女自殺的強烈誘因。

這些資訊讓我感到害怕，因為哥哥曾企圖自殺，而母親也因為同樣的痛苦離開人世，當我發現曾經糾纏折磨媽媽和哥哥的憂鬱症也找上我時，內心充滿了絕望。到了這一刻，我家已深深陷入了不幸的泥沼之中。

隨著病情加重，我的痛苦程度也跟著倍增，常常無法正常思考，為了擺脫疾病帶來的種種困頓，我無時無刻在都在尋找治療的方法。因為憂鬱症的起因多半源自於無能為力，除非解決起因，否則只能束手無策地承受憂鬱症的折磨，而導致我罹患憂鬱症的根本原因，自然是發生了一些我不願意承認、面對的事。於是我領悟到，自己首先該做的就是承認家中的不幸，雖然我無法從正面的觀點去看待此事，但至少必須接受失去親人的現實。

在承認家門不幸之後，我一步步嘗試著從負面的泥沼中掙脫出來，下一步是判斷自己能做的事情，當務之急就是將

我當時不穩定的收入變得穩定，同時還要尋找可以讓我全心投入的目標，以免自己的心緒被困在不安和憂鬱中，當時的我最怕自己無所事事，隨著時間一天天的過去情況卻沒有改善，無法徹底擺脫憂鬱症，為此，我必須有所行動。

一面吃藥，一面接受心理治療。過去有許多工作是在家裡進行，但我決定把工作帶到咖啡館裡處理，每天曬太陽、散步、與好友見面聊天。其中影響我最多的，就是開始經營YouTube頻道，我全神貫注地投入，希望將這項全新的工作做好。隨著工作步入正軌，我不僅換了車、積極認識新朋友，還決定搬家，就精神科醫師說第一次看到像我這麼努力的病患。但控制憂鬱症並不容易，我也擔心自己的努力隨時付諸流水，所幸，靠著堅持不懈的努力逐漸擺脫憂鬱症。

開始沉入憂鬱症之海時，驚慌失色的我只會胡亂划手踢腿，就像不會游泳的人在深不可測的大海裡，為了活命只能拼命掙扎，但越掙扎只是沉得越深。坦白說，憂鬱症不容易痊癒，因為許多患者遭遇的悲劇與我不同，像是突然面臨被解雇或陷入經濟困境等情況，自己又無力解決時，憂鬱症就會乘虛而入，佔據患者脆弱的心靈。

根據我的經驗，面對嚴重的不幸降臨時，最重要的是接受現況不易改變的事實，換句話說，要習慣自己現在的情況和情緒。雖然很難，但在周遭情況好轉前，需要學會與憂鬱症共存，耐心等待傷口不再滴血，開始結痂、癒合，直到傷痕逐漸淡化，如果不願意承認、無法接受事實，硬是掙扎著想脫身，只會讓身體沉向海水深處。

　　若能接受已發生的悲劇與憂鬱的情緒，力所能及的事情就會開始一點一點地在眼前浮現。放下力有未逮的心態，竭力找出有能力改變的事並付諸行動，是這個階段能執行的解決方案。只要能放鬆身體，平靜地將注意力轉移到其他地方，就會在某瞬間發現自己浮游在溫暖陽光籠罩的水面上。

　　每個人在生活中總會遇到困難，只是程度上的差別罷了，希望我這難以啟齒的故事，能帶給你一些力量。以正面的觀點，不，就算無法保有正面觀點但至少能承認事實，再判斷自己能做什麼事情，藉由這個過程，我們就能一步步走出厄運。當你碰上最壞的情況時，願你不要失去勇氣，在能力所及的範圍持續努力，終有一天遠離不幸。

擺脫厄運

✒ 寫下你人生中遇到的厄運。

※ 列出自己做不到和做得到的事情,再劃掉做不到的事情。

排序	項目	做得到	做不到
1		① ② ③	① ② ③
2		① ② ③	① ② ③
3		① ② ③	① ② ③

告別殭屍習慣，帶來改變機會

　　因為經營 YouTube，我時常有機會和擅長投資股票的超級散戶見面。當我請教他們如何投資股票時，他們會不約而同地說：

　　「要教對股票有一定程度理解的人不容易，因為他們已經有固定的買賣習慣和偏好，反而不如完全不懂股票的人容易教。」

　　這我完全同意這句話。就像前面曾經提過，很多 YouTuber 會來向我請教如何增加訂閱人數和點閱數，我會根據自己過去克服停滯期的經驗，詳細地告訴他們該如何調整縮圖和標題、該製作什麼內容比較有機會讓頻道成長。雖然我花很多時間與精力來教人，但實際把這些經驗運用在自己頻道上的人並不多，他們會說：

「哦，那個縮圖和標題是不錯，但不是我喜歡的風格。」

「我時間不多，要剪輯成那樣子有點困難。」

「照你說的方式去做的話，製作出來的東西不就和別人大同小異？」

這些回答讓我難以理解，雖然經營 YouTube 沒有絕對的正確答案，但擁有百萬訂閱者的 YouTuber 所提供的方法，難道不會比一萬訂閱的 YouTuber 更有機會成功嗎？在開設頻道之前，我曾深度訪談 23 位 YouTuber 出版《YouTube 年輕富豪》一書，向強者取經與自我學習，讓我兩次獲頒 YouTube 獎項、擔任講師，以及在職能專校講授課程，並且經常列席 YouTube 研討會，還定期與 Google 的 YouTube 管理員、以及多頻道聯播網（MCN）負責人會面。

我認為數字不會騙人，所以一直致力於精進自己的 YouTube 成功方程式。在剛開始經營 YouTube 的前兩年，我的所有時間都花在思考如何經營這個頻道，每次遇到縮圖和標題不吸引人而導致數字表現不佳時，就會不斷請教觀眾意

見以便找出修正的方向。因為我知道自己的方法不會永遠正確，如果一味耽於自己的想法，只會讓這個頻道逐漸衰敗。

對於這些堅持自己作法的 YouTuber，因為他們無法理解我的建議有何價值，我即便再給予任何建言也沒有幫助。只有兩年經營 YouTube 經驗的我都會遇上這種情況，也難怪有十幾二十年經驗的超級散戶會認為老手不容易教。

主觀的習慣很難創造出改變的契機，像我曾經維持同樣的髮型七年，是瀏海稍長、兩側稍短的「摩希根」（Mohican）風格，因為認為這款髮型最適合我，多年來也懶得換髮型。有天，設計師問我要不要換個造型？起初我沒有接受他的建議，但他持續問了幾個月後，我想著就算不好看，反正頭髮很快就會長回來，就同意設計師的建議。剪完頭髮以後，我看著鏡子，發現頭髮比自己想像的更短，就像剃平頭的大頭兵一樣。

心裡嘆息：「唉唷，早知道不剪了！」但保險起見，還是問了觀眾對新髮型的看法。收到大多數的回應是「現在的髮型看起來更簡潔、更帥氣」、「看起來年輕多了」等等，

在超過一百條的回覆中，沒有人喜歡以前的髮型。我才明白，新髮型明明更好看，但在我眼裡卻覺得彆扭，只是因為我看習慣舊髮型罷了。

我們在生活中所固守的事物裡，或許也有類似情況吧？現在的作法不一定最好，只不過是我最熟悉的方式，如果害怕嘗試新事物，不妨想想剪掉的頭髮會隨著時間長出來，多數的情況都可以挽回，何不給自己一個改變的機會？

化禍為福的技巧

　　俗話說「塞翁失馬焉知非福」，這句話告訴我們現在發生的吉凶禍福，在下一刻隨時會改變，誰都無法預測。在生活中福轉禍、禍轉福的情況比比皆是，這樣說來，成功或許就取決於化禍為福的技巧，但在轉化的過程中，最不可或缺的是什麼？我認為是積極的心態。有位企業家曾說過一個「千金難買少年貧」的故事：

　　「韓國發生金融危機時，我父親的事業倒閉，家中變得貧困，我卻認為這是我人生中的好運。因為瀕臨破產，讓我從年幼就開始思考如何生活、如何能扛起這個家。我在十七歲時獨自北上首爾工作，一路打拼到現在。如果我兒時的家境小康，在毫無匱乏的情況下長大，我敢肯定不會有現在的我。所以，家境貧窮反而是我最大的幸運。」

我也遇過有類似想法的職業投資人，他說：

「我畢業於韓國科學技術院，成績好的同學們未來要走的路都大同小異：三分之一的同學會攻讀博士然後當教授、三分之一會在大企業的研究單位任職。我不太用功，所以求職之路沒有同學們順遂，最初在一間小公司擔任軟體工程師，事後回想，那個職位對我來說就像塞翁失馬，因為我的處境比同學們差，所以當時就開始思考未來要做什麼，才能有今天的投資獲利。我們現在五十多歲了，當初那些在大企業工作的同學，現在才開始煩惱退休以後錢夠不夠養老。

人們通常會做當下最好的選擇，但隨著時間過去，當初最好的答案現在可能已不再適用，若沒有意識到周遭的變化，過去的最佳選擇反而會阻礙未來的發展。因為人生無常，所以大家才會說運氣很重要。」

我也有相同的經驗，當初我認為自己運氣不好才會唸地方大學，但也是塞翁失馬焉知非福，在地方大學中爭取第一，反而會比在傑出大學中表現得不上不下，更引人注目吧。我

在大學時除了在公開徵集活動中連連獲獎，也申請到學校提供的各項專案補助，如果不是在地方大學，我大概無法爭取到這麼多機會。在我的學校裡極少有像我這樣急於爭取表現的人，但在名門大學中，這種人可能相當多。

就像這樣，表面上看來不好的事，只要懂得靈活運用，不幸就能轉為幸運。不管是多麼不好、困難、不幸的情況，只要下定決心，將現況轉為自己的動力，就足以創造好運。無論發生什麼事，養成「焉知非福」的正向思考習慣才能讓自己爭取好運。

總是往壞的方向想，容易讓自己變得更緊張，以至於無法做出合理的判斷。如果往好的方向想，就能引導自己化危機為轉機，謀求下次運氣造訪的機會。最不可取的就是自怨自艾「我運氣不好，就是個不成器的人」，如果希望自己越過越好，就要保有積極心態，任何糟糕的情境都可能最後變成好事，正向思考能喚醒沉睡的運氣。

還有一句我們常聽到的俗語，「盡人事聽天命」，意思是竭盡所能去做自己能做的事，能否成功就要看上天的旨

意。這也是值得我們在生活中實踐的積極心態。我想起一位企業家曾說的故事：

「我有位從事樂透彩的好友，韓國樂透彩服務公司代表理事南基太，他的際遇在我眼中就像中樂透一樣。他原本從事刮刮樂彩券事業，所以才有機會拿下樂透彩的營銷權，但初期也不是一帆風順，因為當時的人們不太買樂透，導致他差點破產。就在情況岌岌可危，資金只夠一個星期周轉時，社會上突然掀起了樂透彩風潮，讓他度過危機，事業也迎來大逆轉。我也搞不懂這該歸功於他的運氣，還是他的努力。

當時他為了求生存，舉辦過免費送彩券的活動。但樂透風潮其實另有原因，因為頭獎連續槓龜一直沒人中獎，獎金累積到 130 億韓元，導致媒體大肆報導引起人們關注，最後才掀起這股風潮。他成功的秘訣是什麼？是把樂透彩券免費送給大家？是從事樂透彩事業？還是樂透彩頭獎連續槓龜？很多時候，分不清結果該歸功於運氣、努力，還是實力，因為人生原本就是個難以衡量的複雜系統。

我們公司高層主管最常說的就是『盡人事聽天命』，在謀求一件事情時，這句話總能鼓勵我們盡力而為。當我完成了身為人類該做的事情後，剩下的就是等待上天旨意。盡了人事之後有好運相隨，就感謝老天爺，就算沒能如此也不需氣餒，再找下一個機會就好。每當有人因為鴻運當頭感謝上天時，都讓我更加相信這句話。」

　　誠如他所說，只要在自身所處環境中盡最大的努力，接下來就看運氣。運氣好，便心存感激；運氣不好，便繼續努力直到好運降臨。我們所能做的，就是謙虛地等待來去無蹤的運氣到來。韓國射箭國家代表隊的總教練文亨哲曾說過這番話：

　　「選手們知道韓國射箭的實力是世界第一，但比賽時的運氣也會影響成果，可能天氣不好、狀態不佳，選手會為此不安與擔心。此時我會對選手說：『我不是教徒，也不信神，但我相信運氣來自於實力，所以沒必要擔心害怕。如果你們不夠努力，平常的訓練也不踏實，那你可以感到不安，但你已經盡了最大的努力，我相信老天也會站在你這一邊，既然付出了努力，剩下的就交給運氣，勇敢地上場比賽吧！』。」

韓國射箭隊在 2016 里約奧運創下歷史紀錄，包辦所有項目的金牌（女子個人賽、女子團體賽、男子個人賽、男子團體賽）。雖然射箭隊一向成績驚人，甚至會有網友說「韓國射箭隊一定要贏，輸了就是賣國賊」，但是沒人預測到射箭隊會在所有項目奪金，達成驚人紀錄。就像總教練所說，盡了自己最大的努力，上天就一定會有所眷顧，最後果然贏得好運。我們雖然無法控制結果，卻可以控制自己在過程中付出的努力，我相信抱著「盡人事聽天命」的心態，能為你帶來更多好運。

第七章

行動

好運不會憑空掉下來

希望好運降臨，

是要等運氣來敲門？還是我去尋找好運？

還沒播種，

就妄想長出蘋果樹、葡萄藤？

總要先埋下種子，加上風雨照拂，

才能結出甜美的果實，不是嗎？

為了尋找運氣，我們該做的就是創造機會，

讓老天為我們撒下好運。

踏出第一步

　　無論做什麼事，踏出第一步時的感受，與其說是期待，大概更多是恐懼吧？我們時常被恐懼與害怕絆住腳步，而對全新的挑戰猶豫遲疑。奇怪的是，我們在兒時面對種種第一次的體驗，內心卻都是期待大於恐懼。

　　隨著年齡的增長，經歷了各式各樣事情的我們，因為累積的失敗經驗遠多於成功，才了解生存多麼不易。原來只有初生之犢才能不畏虎，長大後的我們面對新挑戰會猶豫不決，甚至停下腳步轉身離開。

　　我二十五歲時，只有學生證和駕照，白天在網咖、KTV消磨時間，晚上則和朋友飲酒作樂，是個什麼都不擅長、缺乏能力的學生。有天我看到保健福利部舉辦的公開徵集活動，按捺住對「第一次」恐懼的我，決定踏出挑戰的第一步。

我們六名學生組隊參加活動，籌備過程簡直是一團亂，因為每個人都是首次參加公開徵集，連企劃書怎麼寫都不知道，我們花費整整五個月，投入所有精力埋首準備活動。結果奇蹟發生了！我們從 500 個隊伍中脫穎而出，獲得全國第一，不僅拿到保健福利部長官獎，還得到日本旅遊的獎賞！坐在日本的居酒屋裡喝著清酒的同時，心中還想著「我們真的做到了？」。此後到大學畢業為止，我們總共在公開徵集活動中獲獎 17 次，還以「大韓民國人才獎」的受獎者獲頒總統獎章，這一切始於「踏出第一步」。

　　我三十一歲時想挑戰出書，但沒有任何寫作的經驗，也不知道該如何敲開出版社大門。儘管如此，我以初生之犢的態度面對寫書的挑戰，經過了九年的歲月，我已然成為出版過七本書的暢銷作家，這一切也始於「踏出第一步」。

　　我三十八歲時，對於作家身份開始有危機感，因為人們不再看書，吸收資訊的方式從文字逐漸轉為影像。我在 2018 年首次上傳自己的第一支影片，那天的回憶直到現在都還歷歷在目，因為擔心經營 YouTube 會毀掉作家生涯，而且自己對拍攝、剪輯都還一無所知，所以連著幾天睡不著覺，壓力

過大導致全身肌肉疼痛。從作家變身為 YouTuber 是艱難的決定，就如同從業務員轉行當工程師從零開始，雖然當時我非常害怕，但在戰戰兢兢經營的頻道二年半後，擁有百萬訂閱者，成為在理財、勵志小有名氣的頻道之一。這一切，仍然始於「踏出第一步」。

面對公開徵集大賽、出書、經營 YouTube 這些新挑戰時，一路上遇到不少難關，即使我雄心勃勃地做好準備，盡心盡力地寫書，出版後仍然有過乏人問津的情況；其他 YouTuber 經營一年就有五十萬、百萬訂閱，而我的頻道一年後只有六萬訂閱。每當遇上不如意時，我會盡力找出只有自己能做到的事，繼續前進。如果要問我一路過關斬將走到今天的秘訣，我認為最重要的仍是「踏出第一步」。

雖然害怕，但只要踏出一步，就能品嘗到微小卻甜美的幸運滋味。最重要的是，開始行動以後，才有讓運氣造訪的機會，如果當初我因為害怕自己能力不足而什麼事都不挑戰，放棄參加公開徵集大賽，也覺得寫書和我八竿子打不著關係，會有什麼結果？如果我滿足於作家的現狀，沒有經營 YouTube，就沒有機會在網路世界測試自己的運氣，生活與

現在可能有極大不同。

　　我們在挑戰新事物時，會因為看到其他人已經做得很好而感到猶豫，但最早嘗試這件事的人，剛開始想必也很生疏、不知道該怎麼做才好，正是為了找出未來該怎麼做，現在才更該開始行動。我現在仍然在不斷嘗試新挑戰，心中也依舊感到恐懼，因為我深知失敗的可能性比成功更高，即使如此，還是選擇勇敢踏出第一步。

起點和終點一樣重要

　　我偶爾會開車去尋訪美食餐廳，這是平凡生活中的一點小嗜好，即使是從沒去過的地點也不擔心，不是我特別會找路，而是導航軟體會指出正確路徑。

　　為什麼開車時，可以不迷路直達目的地？我想大部分人會回答，因為導航軟體知道目的地。我認為這個答案只對一半，因為在輸入目的地前，導航軟體的定位系統（GPS）已經掌握所在的位置，自動定位出發點。如果目的地在中部城市的大田，但出發點沒有定位在我所處的首爾麻浦區，而定位在江南區，我還能順利抵達大田嗎？

　　或許導航軟體與運氣之間有什麼關係？

　　我的人生中，遇過的人可以大致分為兩種，一種是生

活沒有目標，每天渾渾噩噩度過；另一種則是因為有目標，每天過得轟轟烈烈的人。雖然人生沒有所謂「錯誤的生活方式」，但在這兩種人之中，我會更關注認真生活的人，想為這些人加油打氣、送上熱烈掌聲。

但這些活得轟轟烈烈的人，取得律師、醫生、會計師等令人艷羨的工作之後，便會感到快樂嗎？並不見得，我周遭有許多不快樂的成功人士，原因何在？因為他們將成功設定為終點，並且積極努力去實現目標，卻從未思考過作為起點的「自己」是什麼樣的人。

我也為此煩惱過，為了深入瞭解自己，去算命、做性向測試、職業人格測試（MBTI），但這些測試只提供粗略的輪廓，我仍然無法真正認識自己，這些將所有人歸類成幾種類型的綜合測試，不是為我量身打造，無法提供我想要的具體結果及實質建議。

於是我突然有個想法，不如設計問卷給親友們填寫，訂作一份專屬於「金度潤」的性向測驗吧！設計問卷題目時，我整理出人際關係、自我管理、認真程度、創意性等十二項

類別，共三十三道選擇題，並設計敘述性的問答題，讓填寫人深入地描寫優缺點。最後選定三十位深知我性格、願意提供客觀評論的親友，進行一日一人的調查，總共費時一個月。

調查結果指出，我最大的優點是「充滿熱情和挑戰精神，並且堅持到底」，這項資訊成為支持我的力量，讓我在無數失敗中也能抬頭挺胸地微笑，並冷靜地分析敗因，再接再厲，最終征服難關。而我最大的缺點是「一旦埋頭進行一件事情，就把時間全都花在上面」，得知這項缺點後，我為了有效分配時間，養成製作年度、月度行事曆，以及列出每天待辦事項的習慣，改善這項缺點讓我得以在預期的時間內，完成各項計畫。

這份「發現自我」的調查提供具體資訊，不僅有我在各類別的表現優劣，也囊括他人對我的主觀看法，這是市面上的測驗無法提供的內容。最有意義的是，在當日的訪談結束後，我會與朋友分享內心深處的夢想、願望以及價值觀。事實上，向周圍的人陳述自己的想法，對我來說不是一件易事，但藉由談話的過程，我得以更深入地爬梳、理解，從而掌握自己的真實樣貌。

十年後，我再度進行這項問卷調查，令我驚訝的是，調查結果中各類別的得分都較上一次高，在問答題中提到的優點更多，缺點也減少了。雖然這項調查的起因是希望瞭解自己，但深入理解自己後，我得以找出自己喜歡、同時也做得很好的工作，過著更快樂的生活。這都得歸功於「找出起點」，也就是思考「我是什麼樣的人？」有了明確的起點，在駛往終點的旅程中，更能善加利用路途上所造訪的好運。

為了讓我們在達成目標後，還能繼續過著快樂的生活，必須先了解自己，對於作為起點的自己有正確的認識，才能清楚地知道去往何處能夠帶來快樂，以及如何能順利抵達終點。在努力追求目標的同時，不妨多花一個月的時間認識自己，能活到超過八十歲的人生，用一個月來探索自我，不算賠本生意吧？

發現自己的優、缺點及點評

✎ 向三位好友提出下列問題，並記錄他們的回答。

1. 我的優點是什麼

1	
2	
3	

2. 我的缺點是什麼？

1	
2	
3	

3. 用一句話形容我帶給你的印象？

1	
2	
3	

倖存者偏誤是運氣殺手

　　我曾經與洪椿旭博士聊天，他既是分析和展望經濟的經濟學家，也是多本暢銷書籍作家，他用彩券來比喻運氣：

　　「許多人都聽過這則故事：有個人每天都向神祈禱，但還是因為生活困難決定自殺。死前他把神痛罵一頓，問神：『我這麼認真地祈求祢的幫助，為什麼還讓我在貧窮中苦苦掙扎？』。神聽到之後現身回答：『我聽到了你的祈求，所以憐憫你，等著幫助你，但你好歹也買張彩券啊！想得到我的幫助，你總得做點什麼，我才能幫助你，不是嗎？連張彩券都不買、沒買過股票，也沒做過生意，我要怎麼幫你？你還敢詛咒神，我實在氣不過才現身的。』

　　我非常喜歡這個故事。很多人會問我：『洪博士，為

什麼我做事那麼不順？』每次我都會回答：『因為你做得還不夠多』、『因為你努力得太少』。什麼都不做，就等著好運爆發，不就跟盼著在路上撿到金塊一樣？這想法太天真，自己好歹做點什麼，運氣才有可能改善。我也有幾次好運爆發的經驗，事後回頭想想，發現都是我做了些嘗試、認真地調查、見過許多人後才發生的。從來沒有一次是什麼都不做，就突然有人打電話來說：『洪椿旭先生，你買的彩券中獎了！』。所以我覺得，有沒有運氣，要看你買了多少張彩券。想知道自己有多少運氣，首先就要像買彩券一樣，多嘗試各種事情，與不同人交流。」

想釣到魚，得多甩幾次釣竿，不論是幸運還是不幸，要多嘗試幾次，才有機會到來，如果一輩子什麼也不做，躺在家裡不動，運氣根本沒有造訪的機會，走出家門嘗試各種活動的人，才有機會撞大運，不買股票就妄想資產翻倍、不推桿就妄想球突然進洞，是絕對不可能發生的。

2000 年，軟銀總裁孫正義花 2,000 萬美元投資一間剛成立一年的小公司，公司僅有二十多名職員，十五年後該公司在紐約證交所上市，市值高達 1,676 億美元，最大股東

軟銀持有的股份價值增加了 569 億美元，獲利高達投資額的 3,000 倍，可說是空前絕後的投資。這就是眾所皆知的金手指孫正義與阿里巴巴創始人馬雲會面後的故事。根據報導，孫正義只花六分鐘就發現馬雲驚人的潛力和見識，決定打破慣例果斷投資。值得我們深思的是，遇見馬雲前，孫正義見過多少創業家，花費多少時間在投資與識人？先前花費的時間精力可能都沒有成果，直到這筆投資才讓過去的心力有所回報。

我相信孫正義總裁不會炫耀「你知道我一天要見多少人嗎？」，所以新聞報導只能用「識人之明」來包裝，導致多數人認為「他只是運氣好」的倖存者偏誤。如果用放大鏡觀察孫正義總裁這類成功人士的生活，會發現其中包含甩了無數次釣竿的「勤勉」在內，每次嘗試都是一個讓運氣造訪的機會，最後終於釣上像馬雲這樣的大魚。

我認識的總裁們都是犧牲睡眠時間、晚上讀書、清晨發電子郵件、一天開數十次會議的人。他們過著兩人份，不，三人份的生活，本來只能活一次的人生，硬是被他們活成了兩、三倍，運氣當然也會兩、三倍地增加，撞大運的機率必

然和嘗試次數成正比，所以不要因為一兩次的失敗就放棄，
多嘗試幾次，好運的多寡取決於你付出多少努力。

勇於挑戰的秘密

　　前面談到「不斷嘗試」是掌控運氣的方式之一，那要如何激勵自己不斷嘗試可能失敗的事？如何面對不確定的結果，也能毫無畏懼地挑戰呢？我想轉述一位作家的看法：

　　「遇見好父母的人，最幸福。我指的不是單純有錢、有人脈的父母，除了錢以外，父母還能給子女許多無形資產，像是不斷挑戰成功的耐力與毅力，這些特質如何培養？一個從小便聽父母數落說『你做不到，再怎麼樣也做不到』這種負面回饋的孩子，能培養出耐力與毅力嗎？我想只有常聽到父母鼓勵『你做得到，我相信你』的孩子，才能不畏失敗，做更多的嘗試。

　　『就算跌倒，你也能重新站起來。無論何時，你的身後都站著信任你、願意幫助你的爸媽。累了就回來，我們

會幫你，你一定做得到！』就算失敗了，一個時常聽到這種鼓勵的孩子，長大以後也會勇於挑戰。像這樣給予正面反饋的父母，在子女失敗時，會成為支持他們繼續前進的力量。反過來說，給子女負面回饋的父母，則會讓子女在聽到回饋時放棄挑戰，淪為失敗者。

從這點來看，我覺得自己遇見好父母，我的母親總是說『你做得到，媽媽相信你，會等你做到！』我也努力給我的孩子們正面回饋，向稍微落於人後的孩子說些鼓勵的話，盡全力來維持我們之間的親密關係。這難道不是父母可以給子女最偉大的遺產嗎？」

小時候受到父母越多的疼愛、關懷的孩子，情緒越穩定；相反地，小時候越沒能得到父母疼愛的人，通常心理越不穩定，因為害怕自己不夠好，所以就變得有防禦性，而且更容易產生自卑感和受害者心態。對於失敗過一次，但再嘗試就有機會成功的事，他們卻感到害怕，在嘗試前先放棄，因為他們已經習慣悲觀。

如果運氣不好，父母沒有鼓勵自己該怎麼辦？結識能給

予正面回饋，願意支持自己的人，選擇伴侶時，這點尤其重要，很多人在遇見配偶後，突然運勢大開，就是源自於配偶的正面回饋培養的好運。

我們無法選擇父母，但可以選擇配偶與朋友，還可以選擇是否給予他人正面回饋。雖然沒有天生好運，卻能為自己、親友以及子女培養創造運氣的力量。在人生馬拉松中不知疲倦地向前奔跑的力量，就是源自這份愛，你付出的正面回饋、溫暖愛心和堅定支持，會為你最珍惜的人創造出最好的運氣。

但願在好運到來時，
不誤認為是自己的實力。
但願在好運溜走後，
能用自己的努力填補運氣。
———— 金度潤

如衝浪高手，等待自己的浪

這本書初稿完成後，我到江原道襄陽散心。寫作期間我持續拍攝 YouTube 影片，其他業務會議也從無間斷，幾個月下來完全沒有空閒時間，所以想休息一下。

因為想看海，就選了有海的襄陽，曾幾何時這裡成了衝浪聖地，沿海豎立著一整排花色各異的衝浪板，海邊擠滿了衝浪的年輕人。我沒玩過衝浪，也對此沒興趣，但我眺望大海時，總會看到在海上起起落落的人影。海裡沒人游泳，每個人不約而同地在等待著什麼，沒過多久，看到海浪的動靜，衝浪客們開始慢慢地游過去，浪接近時，直起身體站在衝浪板上，此時我突然覺得「我在書中想表達的想法，都在大海中」。

再怎麼出眾的衝浪高手，沒有浪就無法御浪而行，無

論等到多好的浪，如果沒有之前累積的實力，也無法駕馭大浪。我親眼看到同樣一波大浪，有人能擺出帥氣的姿態御浪前進，有人因為沒做好準備，短暫騎在浪頭上又跌落水中。

我覺得人生也是如此，就像衝浪者需要浪潮一樣，我們也需要運氣。沒有運氣，無法駕馭「人生」這起起伏伏的浪潮；但沒有做好準備，就算運氣到來也毫無用處。衝浪者為了等待大浪在海面上浮沉，我們為了等待運氣在生活中漂泊，不都是相同的道理？

衝浪者不會 365 天都在海邊等浪，只要透過提供大浪情報的應用程式，確定下海的時機再到海邊就行。我們可以這麼做，先蒐集好各種資訊，確定適合進場的時機，時機到來就勇敢挑戰。當然，大浪也可能和預報不同變得十分洶湧，人生也會出現自己認為成熟的時機，結果勇敢挑戰卻徒勞無功、空手而回。

然而，面對這種情況更不能氣餒，等待下一波大浪來襲前，我們可以盡一切努力累積實力。沒有做好準備的挑戰，等同於自殺，技巧再怎麼高超的衝浪高手，如果挑戰超過自

己實力以上的兇猛大浪，也可能失去生命。在我們生活中碰上偏離自己力量的潑天大運，不是遇到了騙子，就是會反過來毀掉自己人生的惡兆。

雖然運氣靠等待，但也必須量力而為，就像平靜大海上打來恰到好處的大浪一樣，人生中也一定會有適合自己的運氣到來，只要做好駕馭運勢的準備，就可以好好享受這波幸運，接下來只要在浪頭上穩住重心就行，希望長久留住幸運，最重要的是平衡感，即使是看似凶險的人生大海，也會陽光普照。

再我明明是來海邊休息的，為什麼看到衝浪會想到剛結束的寫作內容？因為人的目標和關注焦點是強大的力量，當我這段時間所有的心思都放在寫書上，腦袋裡也會啟動五感協助我四處尋找關於運氣的題材，目標和關注焦點會引導我們走向所期盼的未來，希望這條道路上充滿幸運，也誠摯地希望這本書能幫助你創造更多幸運。

致謝

感謝 1,000 位為我付出寶貴時間的人

「運氣真的是天生的嗎？難道不能自己創造運氣嗎？」

在這樣的苦思之下，我執筆寫了這本書。作為一名分享自我激勵與啟發影片的 YouTuber，我奉行努力至上主義。我曾驕傲地以為運氣和努力是對立的，我的一切成就都是靠自己的努力才取得的成果。但當年紀漸長回首往事時，才發覺運氣的力量無時無刻在我的生活中作用，所有的成敗都是努力疊加運氣的結果，而我也有幸能造就無數人的運氣。

剛來首爾的頭一年，我住在二、三坪大的考試院（供吃住的簡陋 K 書房）房間，俗話說「空間造就一個人」，在狹小的空間裡生活久了，就會變得像井底之蛙，總想見識井外的風景。而帶領我見識到遼闊世界的，就是我所採訪過的一千位成功人士，因為有幸遇見他們，讓我得以有今天。

這本書的每篇文章都借用了他們的生活與故事，無數的人付出寶貴的時間，慷慨地公開自己的親身經歷，以及從經歷中所領悟到的寶貴秘訣。對於他們的溫暖心意，我謹獻上無盡的感謝。

　　我花了十年歲月、與一千個人見面對話所提煉的心得，你只要花幾個小時就足以讀完這本秘訣。誠摯地希望讀者們能將這本書裡的運氣完全化為已有。

創運思維

滿手爛牌打到贏，解鎖致富、覆盤人生的
七堂強運課 럭키 (LUCKY)

作者	金度潤 (Kim Doyun)
譯者	游芯歆
主編	周國渝
書籍設計	Bianco Tsai
排版協力	黃郁惠
插圖	Ayen
行銷企劃	周國渝、洪于茹
出版者	寫樂文化有限公司
創辦人	韓嵩齡、詹仁雄
發行人兼總編輯	韓嵩齡
發行業務	蕭星貞
發行地址	106 台北市大安區光復南路 202 號 10 樓之 5
電話	(02) 6617-5759
傳真	(02) 2772-2651
讀者服務信箱	soulerbook@gmail.com
總經銷	時報文化出版企業股份有限公司
公司地址	台北市和平西路三段 240 號 5 樓
電話	(02) 2306-6600

國家圖書館出版品
預行編目（CIP）資料

創運思維／金度潤著;游芯歆譯. -- 第
一版. -- 臺北市:寫樂文化有限公司,
2022.06 面; 公分. --（我的檔案夾;
61）譯自: 럭키
ISBN 978-986-06727-5-6(平裝)
1.CST: 成功法 2.CST: 生活指導
177.2   111006953

第一版第二刷 2022 年 6 月 21 日
ISBN 978-986-06727-5-6